도반道伴

현대수필가100인선 · 43

도반道伴

윤재천 수필선

좋은수필사

■ 책머리에

수필은 누구나 부담 없이 읽고, 마음만 먹으면 직접 쓸 수도 있는 가장 친근한 문학이다. 다른 영역의 문학이 영상매체에 밀려 신음하고 있는 중에도 수필 인구만은 날로 증가하여 바야흐로 수필 전성시대를 구가하고 있는 이유도 거기에 있을 것이다.

시대적 추세에 힘입어 수많은 수필전문지, 수필동인지가 창간되고, 이에 비례하여 신진 수필가도 날로 늘어나다 보니 이제는 그 많은 작가, 그 많은 작품 중에서 문학성 높은 작품을 가려 읽는 일이 쉽지 않게 되었다. 이런 현상은 작가에게나 독자에게나 결코 바람직한 일이 아니다. 더 나아가서는 수필을 연구하는 후세들에게도 큰 부담이 될 것이다.

이런 문제를 해결하는 데는 출판인도 마땅히 한몫을 감당해야 한다는 평소의 소신에 따라, 본사가 기꺼이 그 역할을 맡기로 했다. 그 첫 번째 사업으로 시대를 대표할 만한 수필가 100인을 선정하고, 작가가 자선한 40편 내외의 작품을 수록한 문고본을 발간하여 이를 널리 보급함으로써 그 소임을 다하고자 한다.

본사는 사명감을 가지고 이 사업을 추진해 나가기로 했다. 작가 선정을 전담할 편집위원회를 구성하고 전권을 위임하여 일체의 사적인 정실이나 청탁을 배제함으로써 전문성과 공

정성을 확보해 나갈 것이다.

따라서 이 기획물 속에는 작가의 문학정신뿐만 아니라, 본사의 문학사적 기여 의지와 편집위원 제위의 수필문학에 대한 애정과 문인으로서의 양심이 함께 담겨 있음을 자부한다. 다만, 작가를 선정하는 기준에는 많은 견해의 차이가 있을 수 있고, 선정 과정에서도 미처 챙기지 못한 부분이 있을 것이라는 사실만은 인정하지 않을 수 없다. 이 점에 대해서는 관계자 여러분의 양해 있으시기 바란다.

이 시리즈의 발간 순서는 작가, 또는 본사의 사정에 의한 것일 뿐 그 밖의 어떤 기준도 적용하지 않았음을 밝힌다.

본 기획물이 시대를 초월한 많은 수필 애호가들의 관심과 애정 속에 우리나라 수필문학 발전에 한 이정표가 되기를 바랄 뿐이다.

2009년 4월

좋은수필 발행인 서 정 환

현대수필가 100인선 간행 편집위원 박 재 식 최 병 호

정 진 권 강 호 형

변 해 명

| 차례 |　　현대수필가100인선 · 43

1_부

2_부

3_부

4_부

구름 위에 지은 집

구름카페

만남

또 하나의 신화

도반道伴

참사랑

잔을 감싸는 온기溫氣만으로

인연의 늪

봄은 수채화

구름 위에 지은 집

정자亭子는 자연과 사람이 혼연히 드나드는 열린 공간이다. 산 좋고 물 좋은 경관에서 선비들이 모여 글을 짓고 문장으로 화답하며 정자문학亭子文學을 꽃피운 산실이다.

나는 그 정자가 좋아 그 의미로 호를 짓고 그 위에 운정雲亭이란 카페 한 채를 지었다.

나는 서초동에 있는 사무실에서 구름 속의 카페를 마련해 놓고 세파의 혼란함과 부유浮遊에서 한 발 떨어져 살아간다. 이 시대의 진정한 로맨티스트로서 현실과는 적당히 떨어져 독서와 집필, 명상을 하고 수필과 관련된 일에 몰두한다.

나의 삶과 수필에 대한 행보는 이처럼 조용한 가운데 흐르고 있다. 이 행보가 면면히 흘러내려 수필계의 마르지 않는 강줄기로 남기를 희망한다.

나의 이론을 이해하며 따르는 제자들도, 나의 도전과 시도 앞에서 생명력이 왕성한 물굽이로 휘돌았으면 한다.

어느덧 수필에만 몰두해 온 지도 50년이 된다.

1968년, 당시 재직하던 상명여자사범대학 국어교육학과 교과과정에 '수필문학' 강좌를 우리나라 최초로 개설했다.

그 후 지금까지 수필을 써 왔고 시대에 맞는 수필이론을 발표하여 수필이 나가야 할 방향에 대해 고민해 왔다.

1992년 수필전문지 ≪현대수필≫을 발간한 이후에도, 16년 동안 비매품 ≪수필학≫을 발간하고, 하루같이 수필만을 생각하며 '구름카페 문하생'들과 땀 흘리며 공부해 왔다.

지난 2001년 12월 1일에는 '수필의 날'을 제정하였고, 그로부터 6년(2006년) 동안 그 행사를 ≪현대수필≫ 주관으로 치르다가, 문인협회 수필분과로 위임시켰다.

나는 그 행로를 보람 있게 생각하며, 앞으로는 수필계가 이 날을 기림으로써 더욱더 단단해지고 하나가 되기를 소망한다. 수필가 스스로가 수필을 아끼고 소중히 여길 때, 수필隨筆이 아닌 수필문학으로 거듭나기 때문이다.

우리들의 끊임없는 이 노력이 수필을 아끼는 신진들에게는 꿈과 희망을, 수필의 발전을 위해 험한 문학의 길을 걸어온 도반道伴들에게는 가슴을 적시는 온기로 남길 바란다.

그 외에도 《수화에세이집》, 《수화도록》, 《수화전》 개최, 《수필문학전집》을 발간해 온 나의 수필사랑이 먼 곳까지 퍼져 나가, 가슴이 적적한 사람들에게 한 줄기 바람으로 머물기를 소망한다.

구름카페

나에겐 오랜 꿈이 있다.

여행 중에 어느 서방西方의 골목길에서 본 적이 있거나, 추억어린 영화나 책 속에서 언뜻 스치고 지나간 것 같은, 카페를 하나 갖는 일이다.

그곳에는 구름을 좇는 몽상가들이 모여들어도 좋고, 구름을 따라 떠도는 역마살 낀 사람들이 잠시 머물다 떠나도 좋다. 구름 낀 가슴으로 찾아들어 차 한 잔으로 마음을 씻고, 먹구름뿐인 현실에서 잠시 비켜 앉아 머리를 식혀도 좋다.

꿈에 부푼 사람은 옆자리의 모르는 이에게 희망을 넣어주기도 하고, 꿈을 잃어버린 사람은 그런 사람을 바라보며 꿈을 되찾을 수 있는 곳 - '구름카페'는 상상 속에서 늘 나에게 따뜻한 풍경으로 다가오곤 한다.

넓은 창과 촛불, 길게 드리운 커튼, 고갱의 그림이 원시의 향수를 부르고, 무딘 첼로의 음률이 영혼 깊숙이 파고드는 곳에서 나는 인간의 짙은 향기에 취하고 싶다.

눈만 뜨면 서둘러 달려가 책장을 뒤적이고, 사람을 만나는 조그만 연구실이 있는 곳은 서초동 꽃마을이다. 2, 30년 전부터 그렇게 불렀으니 기억하는 사람이 많다.

변화의 물결에 휩쓸려 지금은 정치 1번지니, 강남의 요지니 하는 요란한 수식어가 붙어 있지만, 사슴의 뿔처럼 실속도 없이 교통만 혼잡하고, 하늘을 향해 치솟는 고층건물로 숨이 막힐 지경이다. 꽃마을은 꽃을 가꾸어 생계를 유지하던 사람들이 풀 더미 같은 땅을 거름삼아 하루하루를 살던 곳인데, 지금은 문화와 진리의 요람, 예술과 학문의 메카다. '예술의 전당'과 '국악연구원', '국립중앙도서관'과 '학술원', '예술원'이 이곳에 자리 잡고 있기 때문이다.

꽃과 문화는 생존이 해결되고 난 후에 생활의 질적 향상을 위한 요소이고 보면 서초동과 문화적 여건은 필연인 것도 같다.

집을 떠나 '문화의 거리'라 일컫는 서초대로를 지나 연구실에 이르는 동안 '구름카페'에 대한 동경심은 가로수가 늘어선 길목에 눈길을 머물게 한다. 플라타너스가 손에 잡힐 듯한 길목 찻집을 지나면서, 은은한 조명에 깊은 의자가 편히 놓여 있는 찻집 앞을 지나면서, '구름카페'가 현실로 이루어질 것 같은 기분 좋은 착각에 빠진다.

프랑스의 '되마고 카페문학상'은 상장과 메달만 수여한다. 작가들은 그 상을 받기 위해 창작에 열중한다.

이 상의 권위는 주최 측이 작품과 작가 선정에 엄격하기에, 오해의 소지를 제거함으로써 객관성을 대외에 과시한다.

'되마고 카페'에서 수여되는 문학상과 같이 프랑스에는 누구나 인정하는 작가와 작품을 선별하고 조촐한 자리를 마련하여 정情을 나눌 수 있는 - 상의 수가 많아도 불만을 갖는 사람은 없다.

만약 내가 한 묶음의 장미꽃을 상품으로 수여하는 상을 만들 수 있다면 시상식은 '구름카페'가 제격일 것이다. 이 자리에 참석하는 사람은 장미꽃 한 송이씩 들고 와 수상자에게 마음과 함께 전함으로써 상금을 대신하는 '구름카페 문학상'을 만들어 상을 받는 사람과, 시상하는 주최 측이 자랑스러움에 벅찰 수 있는 문학상을 서초동 꽃마을에 뿌리내리고 싶다.

'구름카페' - 천장과 벽에는 여러 나라의 풍물이 담긴 종을 매달아 문이 열리거나 바람이 불 때면 신비한 소리가 들려 사람들의 영혼을 일깨워 주고, 다른 한편에서는 세계의 파이프와 민속품을 진열해 구름처럼 어디론가 흘러가야 하는 사람들의 발길을 머물게 하고 싶다.

그 장소가 마련되면 한 시대를 함께 지냈다는 사실만으로도 영원히 떠나보내고 싶지 않은 사람들을 초대하여 향기 짙은 차를 마시고 비 내리는 날엔 비를, 눈 내리는 날엔 눈발에 마음을 씻으며 함께 보내고 싶다.

'구름카페'는 나의 생전에 존재할 수 없는 것이어도 괜찮다.

아니면 숱하게 피었다가 스러지는, 사랑하는 사람들이 곁에 있어 어디서나 만날 수 있고 느낄 수 있는 행복의 장소인지도 모른다. 구름이 작은 물방울의 결집체이듯, 현실에 존재하지 않기에 더 아득하고 아름다운지도 모른다.

나는 꿈으로 산다. 그리움으로 산다. 가능성으로 산다.

오늘도 나는 '구름카페'를 그리는 것 같은 미숙한 습성으로, 문학의 길과 생활 속의 레일을 걸어가고 있다.

만남

모든 인연은 만남을 통해서 문이 열리고, 문과 문을 연결해 놓은 삶의 길 위에는 많은 인연들이 과수원의 과실처럼 풍성하다.

그러나 풍성하게 많은 인연의 열매가 열려 있어도 그것을 혼자 소유할 수는 없다. 그럴 경우 버거워서 오히려 짐이 될 수도 있다.

인연에는 선연善緣도 있지만, 처음부터 맺어지지 않았어야 될 악연惡緣도 있다. 개중에는 풋내가 가시지 않은 어설픈 열매도 있고, 제 맛이 들어 단내가 진동하는 것도 있으며, 정도가 지나쳐 손에 들기도 전에 땅에 떨어져 곤죽이 되어버리는 열매도 있다. 너무 일찍 딴 과일을 손에 들고 자신의 성급함에 아쉬워하는 경우도 있고, 좀더 일찍 따서 왜 제대로 간수하지 못했을까 하는 후회로 소유의 기쁨을 만끽하지 못하는 경우도 있다.

'과유불급'이란 이런 경우를 두고 하는 말이다.

만남은 한 사람의 운명을 좌우하는 결정적인 요인이 되기도 한다. '운명을 좌우하는 결정적인 요인'은 반드시 긍정적인 측면만 있는 것은 아니다. 만남이 너무 소원疏遠해 갈증을 느끼는 것도 문제지만, 나무의 가지가 찢어질 만큼 열매가 빼곡히 매달리는 것도 좋은 것만은 아니다. 차고 넘치는 것은 부산물에 지나지 않는다. 때가 중요한 것은 이 때문이다.

때에 맞춰 만남이 이루어지는 것은 행운 중의 행운이지만, 그렇지 못한 경우가 많아 사람들은 저마다 아픔을 감내하며 쓰린 가슴을 안고 살아간다.

사람의 한평생은 만나야 할 것을 만나기 위한 애끓는 방황이고 치열한 다툼이며, 그를 위한 서성임이다. 서정주 시인의 지적처럼 그리움과 아쉬움을 안고 젊음의 뒤안길에서 감상感傷에 젖는 것은 만남이 남긴 상처를 치유하기 위함이고, 기다렸지만 끝내 오지 않았던 것에 대한 섭섭함을 피력한 예다.

만남의 대상을 사람만으로 국한할 필요는 없다. 기리는 모든 것이 만나야만 되기 때문이다. 유한적 존재에 불과한 우리들에게 있어 그 어느 것도 소중하지 않은 것이 없다.

결핍을 채워줄 존재들 - 가난한 젊은 부부가 지친 몸을 끌고 들어와 편히 쉴 수 있는 집을 마련하는 데 필요한 전세금, 배움의 때를 놓친 이들의 지식을 보충할 수 있는 기회, 마땅히 할 일이 없어 배회하는 중년의 사내가 어깨를 펴고 들어설 수 있는 직장, 노인에게 그동안의 힘겨움을 보상해 줄 사회의 배려, 출근시간에 맞춰 산중턱에 올라가 먼 산을 응시하고 서 있는 청년의 핸드폰에서 울리는 벨소리….

이 모든 것은 그들이 만나야 할 것들이다. 시인의 영혼을 정갈하게 씻어줄 삶의 진실이 배인 살아 움직이는 시 한 구절, 잘못된 바람에 휩쓸려 낙선한 정치가에게 유권자와 지지자들이 쏟아내는 환호와 격려의 박수, 화가나 음악가에게 어느 순간 밀어닥친 불멸의 작품을 낳을 수 있는 영감靈感은 반드시 만나야 할 인연들이다.

그것이 손끝 먼 곳에 있어 우리의 삶은 우울함을 떨쳐내지 못하고 힘든 걸음을 걷고 있다. 이유는 단 하나, 삶을 재는 척도가 천편일률적이며 획일화되어 있고, 사람들의 관심은 언제나 빛의 한가운데 모여 있기 때문이다.

우리의 삶은 어쩔 수 없이 비극일 수밖에 없다.

나다니엘 호손의 작품 ≪다비드≫에 보면, 남루한 옷을 걸친 소년이 버스를 기다리다 피곤한 나머지 벤치에 기대앉아 깊은 잠에 빠져든다. 그 딱한 모습을 의미심장한 눈빛으로 지켜보던 - 재산을 상속할 자식이 없는 노부부가 그를 동정한 나머지 데려다 키워 자신들의 사후를 책임져 줄 자식으로 삼으면 어떻겠느냐며 의견을 교환한다.

그 순간 그들의 곁에 있던 인상이 험상궂은 한 사내도 그 아이를 데려다 도둑질을 시키면 어떨까 하는 생각을 하며, 그 아이가 과연 그만한 이용가치가 있을까 고민하며 소년의 잠을 깨우려 한다.

그때 그들이 기다리던 버스가 와서 노부부와 사내는 서둘러 차에 오른다. 소년은 그것도 모르고 곤한 잠을 자느라 그들과 헤어지게 되고 버스도 놓치게 된다. 버스가 떠난 후, 잠에서 깨어난 소년은 자고 있는 동안 이미 떠난 사람들이 어떤 생각을 했는지도 모르고, 잠을 자느라 차를 놓친 사실을 아쉬워하며 잠을 깨우지 않은 사람을 원망한다.

우리의 삶도 이와 크게 다르지 않다.

모든 경우에는 때가 있다. 그 때를 놓치면 모든 것은 수포로 돌아간다. 그러나 때를 놓쳤다고 하여 후회할 일만도 아니다. 악연이 운명의 지침을 뒤로 돌려놓을 수도 있다. 사람의 만남은 행복의 조건을 충족시켜 주고, 평생 후회하지 않으며 사랑할 수 있는 사람을 만나야 행복의 본령에 진입할 수 있다. 그렇지 않은 채로 사람을 만나는 것은 짐이 될 수도 있다. 그것은 삶을 우울하게 만든다. 돈이나 명예도 적절한 때에 적절한 양만큼만 찾아와야 그를 아름답게 향유할 수 있다. 그렇지 않을 때는 공연히 마음만 흔들어 놓아 삶을 그르치게 한다.

행복은 밖에서 애써 찾아오는 것이 아니라, 스스로 가꾸고 보듬어 키우는 것이다. 그렇지 않으면 수단과 방법을 가리지 않게 되어 사람을 천박하게 할 우려가 있다. 수도修道란 만남을 조절하는 일에 지나지 않는다. 악연을 선연으로 만드는 길도 이 안에 있다.

사회가 어려워졌다고 탄식하는 소리가 높다. 이러한 상황에서는 어떤 기적도 기대할 수가 없다. 무엇보다 준비가 되어 있지 않기 때문이다. 분위기가 잘못 와전된 것은 삶의 가치와 목표, 평가의 기준이 지나칠 만큼 물질에 의존하기 때문이다. 과도한 유물주의를 어떠한 방법으로든지 정신에 가치를 부여해 유심주의로 전환하지 않으면 개인이나 사회의 행복은 요원하다. 제한된 현실에서 만남의 의미를 찾는다는 것은 갈수록 사태를 어렵게 한다.

만남의 의미는 처음부터 규정된 것이 아니라, 만들어가는 것임을 깨닫지 않는 한, 인간의 행복은 골짜기를 헤매게 된다.

오늘의 현실은 새로운 만남의 문을 열 수 있는 절호의 기회다.

정신적 공복을 채우지 않으면 그 어떤 것과의 만남도 무의미하다. 우리 사회와 개개인이 정신적 강자가 되지 않으면, 우리는 언제까지 열등한 상태에서 벗어날 수 없다.

새로운 만남의 길이 열리기를 기원하고 또 기대할 뿐이다.

또 하나의 신화

가끔, 사회에 유포되어 있는 윤리적 통념에서 벗어나, 합법적이지 않아도 맹목적으로 매달려 헤어나지 못할 때가 있다.

나에게도 그러한 때가 있었다. 비록 떳떳한 일은 아니어도 그 어떤 재앙이라도 감내하며 지키고 싶었던 순간과 사랑, 그것이 악몽인 줄 알면서도 쉽게 떨쳐내지 못하고, 잠 속에서 헤매는 사람처럼 절박한 시절이 있었다.

아득한 옛날이야기를 스스로 들춰내 글의 화두로 삼는 것은, 이를 통해 생각하고 있던 사랑의 진실을 밝히기 위해서다.

어떤 특정한 상황을 해석하기 위해 그에 적절한 행동을 결정하는 데는 이성적 논리에 의존해서 방향을 정하는 경우가 있고, 이와는 달리 감성에 근거한 직감을 통해 자신이 가야 할 방향을 설정할 때도 있다. 전자의 경우가 합리적이고 과학적인 사고에 준한 것이라면, 후자는 보다 예술적인 성향이 강조된 경우로 볼 수 있다.

이 중에서 어느 것이 더 현명하고 바른 선택인가 하는 것은 누구도 단정적으로 결론지어 말할 수 없다. 그만큼 삶은 논리를 초월한 것일 수도 있어, 경우에 따라서는 다른 해석이 가능하다.

사랑의 주제로 된 경우에 있어서는 더욱 그렇다.

자로 잰 듯한 정확성을 기대하거나 상대에게 그 자체를 요구하는 사랑은 엄밀한 의미에서 사랑이라고 말할 수 없다. 사랑뿐만 아니라 삶에 있어서도 마찬가지다. 삶과 사랑을 과학에 견주지 않고 예술의 한 장르로 분류하는 사람들이 있기 때문이다.

진실이란 무엇일까.

삭풍이 몰아치고 때로는 눈비가 내려 어디로 가야 할지 방향조차 찾을 수 없는 순간이 온다 해도, 맞잡은 손을 놓지 않고 상대를 감싸 안는 것이 사랑의 참모습이다. 때문에 자기를 희생해 참사랑을 실천하는 사람들의 이야기를 들을 때면 아낌없는 박수를 보내게 된다.

참사랑은 특별한 사람들만이 실천할 수 있는 것일까.

위기에 처한 상황에서 상대의 입장보다는 자기가 먼저 올가미에서 벗어나기 위해 전전긍긍하는 태도는 누가 보아도 바른 처신이 아니다.

사랑의 진정한 신화는 들판에 핀 야생화에서 찾아야 한다. 인위적으로 만들어져 진열되어 있는 아름다움은 아름다움이 아니라, 스스로의 자생력을 바탕으로 상황을 처리해 나가는 것이 진정한 사랑이다.

나는 그 모든 것을 싸안기로 하고 말없이 뒤에 물러나 서 있다. 누구를 원망할 생각도, 또 그럴 필요도 느끼지 않는다. 노자가 말한 소요逍遙 – 멀리 떨어져 적당한 거리에서 완상玩賞할 뿐이다.

마음의 동요도 없이 소용돌이치는 중심에서 벗어나, 구경꾼처럼 바라다보기만 한다. 변명을 늘어놓거나, 그 누구에게 설명하고 싶지도 않다.

그 대신 나는 또 다른 길을 찾기 시작한다.

또 하나의 신화를 만들기 위해 그 이전에 존재했던 모든 것을 모아 그 안에 매장하고, 수필에 몰두한다.

싫든 좋든 학점을 따기 위해 강의실을 찾아와 자리 잡고 앉아있는 학생들 대신, 하고 싶은 말이 있어도 침묵으로 일관하는 중년의 문하생에게 수필을 이야기하며, 그들과 삶의 가지에 주렁주렁 달려있는 진실을 주고 받다보니, 모든 것은 또 하나의 신화로 환원 - 무성한 꽃을 피우고 있다.

사랑의 신화이든, 수필의 신화이든 신화는 정해진 코스를 밟아가는 상태에서는 꽃이 피지 않는다.

그것은 한낱 답습踏襲에 지나지 않는 일이다. 남의 눈치나 살피고, 그들의 기호에 맞춰 행동하는 것은 잘 정돈된 정원을 거닐며 우주를 생각하고 자연을 감상하는 일과 다르지 않다.

잃어버린 것 때문에 정작 가야 할 길을 포기했다면, 지금쯤 어디에서 표류중이거나 좌초된 상태로 정박해 있을지도 모른다. 그러나 다행히 아직 항해를 계속하고 있다. 앞으로도 힘이 닿는 한, 닻을 내리지 않고 항진을 계속할 것이다. 삶은 보다 아름다운 신화를 낳기 위해 마련된 절호의 기회이기 때문이다.

야생화는 자기의 삶을 스스로 꾸려갈 줄 안다.

추운 겨울에는 얼지 않기 위해 모든 에너지를 뿌리에 저장하고, 몸에 끓어오르는 열기를 꽃과 향기로 바꿔 분출하며, 몸에 지녔던 모든 것을 아낌없이 버림으로써 자연의 질서에 조응하는 야생화 - 나는 오늘도 그 자연과 함께 가야 할 방향과 길을 찾고 있다.

굳이 내세워 표출시키진 않더라도, 그 어느 것도 소홀할 수 없기에 나름대로 가치 있는 삶이라고 자신한다.

그것은 나를 지금까지 지켜준 버팀목이고, '내 주변의 수필가족은 오늘의 내'가 존재하도록 격려와 사랑을 아끼지 않은 동지다.

나는 그것을 통해 순리가 무엇인지 깨달았고, 그 순리가 응축하고 있는 것도 자연임을 알았다. 그 순리의 내면에는 논리 이상의 논리가 존재하고 있음을 확인하기도 했고, 그것이 사랑의 진정한 실체임도 의심하지 않는다.

다음의 신화는 무엇이 될까.

나는 또 하나의 신화를 찾기 위해 오늘도 항해를 계속하고 있다.

도반道伴

가슴속엔 구름이 떠가고 있다.

멈춰 서 있는 법이 없이 어디론가 걸어가고 있다. 우리는 적잖은 시간을 그렇게 살아가고 있어, 누가 앞서가고 또 뒤에 처져 가더라도 문제삼지 않는다. 어떤 상황에서든지 서로가 동행할 수밖에 없다는 사실을 잘 알고 있다.

때론 내가 구름을 따라 무작정 걷기도 하고, 내가 그를 따라 오게 할 때도 있지만, 우린 지척에서 한 길을 같이 걸어가고 있으므로, 시야에서 잠시 벗어난다 해도 다른 길로 들어서는 일이 없다. 어느 날 홀연히 곁을 떠날지도 모른다는 염려로 인해 애를 태우거나 의심하는 법도 없다.

우리는 그런 마음으로 많은 나날을 살아왔다.

어쩌다가 사람들 곁에서 멀어지고 싶은 마음이 들 때도 있었지만, 그 구름으로 인해 외롭지 않아 주어진 길을 걸어갈 수 있었다.

모처럼 우리가 속내를 드러내 보일 때는 얼굴을 마주하고 산을 오를 때다. 얼굴에 번지는 땀방울을 손등으로 훔쳐내며 바위나 맨바닥에 주저앉아 대화를 나눌 때다. 서두르지 말자고, 공연히 마음 상해 아파하지 말자고 서로를 위로할 때도 바로 그때이고, 지워지지 않는 꿈에 빠져들어 미래를 구성할 때도 바로 그때다.

'구름카페' - 언젠가 그런 공간을 갖게 되면 벽은 연한 회색으로 옷을 입히고, 창을 크게 만들어 하늘이 한눈에 보이도록 해야겠다. 주변은 진초록 잎이 무성한 나무들과 향기 짙은 야생화로 가득 채우고, 벤치도 몇 개 만들어야겠다.

카페를 찾아온 그들에게 기쁨과 행복이 어디서 비롯되고 만발할 수 있는가를 확인케 하고 싶다. 우리가 정신없이 좇아가고 있는 것들이 얼마나 덧없고 부질없는 것인가를 '구름의 증언'을 통해 알게 하고 싶다.

구름카페의 손님이 아닌 주인이 되게 해서, 후회하지 않는 자기 삶의 주인으로 살게 하고 싶다. 나는 오늘도 그 꿈이 무산되지 않기 위해 구름의 뒤를 따라가기도 하고, 그의 앞에 서기도 하며 아름다운 동행을 갈망한다.

구름카페의 문을 열고 들어가 창窓을 통해 주변의 정취에 젖어볼 그 날은 언제일까. 그러나 조급해하진 않는다. 이미 나는 상상으로나마 구름과 함께 그 카페에 앉아 와인 한잔을 마시고 있다.

사방이 짙푸른 동산이 되도록 열심히 나무를 심고, 향기 짙은 들꽃을 피워내기 위해 거름을 주고 있다.

도반道伴은 아름다운 구속이다. 이 길은 길게 연連하여 끝이 없으므로, 먼 훗날까지도 아름다운 동행은 끝이 없으리라.

참사랑

나는 과연 그를 사랑하고 있으며, 얼마나 오랫동안 이 마음을 지켜나갈 수 있을까. 훗날 노을을 반추해 후회하지 않을 것인가를 스스로 반문해본다.

겨울의 긴 그림자가 골목 한 켠을 채우고 있다. 나는 황량한 겨울을 살고 있다. 이 모든 것은, 잃어버린 것을 찾기 위한 방황이기보다는, 짧지 않은 시간 동안 지녀온 것을 지켜나가기 위한 마음씀이라고 생각한다.

누군가를 나 이상으로 소중히 여기고, 그 소중함 속에 나를 지켜나가는 이 험난한 지킴 - 후회하거나, 없었던 일로 지워버리고자 하는 생각은 없다.

참다운 사랑이라면 많은 인내가 필요하다. 그 인내가 동반되지 않은 사랑은 단순한 자기 위안의 방편일 뿐, 본질적 의미에서의 사랑의 실천은 아니다. 사랑의 가치는 이런 점에 있으므로, 그때 스스로의 가치가 구현될 수 있다.

우리는 우리에게 주어진 삶의 시간 동안 몇 사람을 자기 존재 이상으로 사랑하고 아끼며 살 수 있을까. 의무로 이어진 사랑이 아니고, 선택에 의해 이루어진 사랑이라면 그것을 견디고 지키는 방법은, 약속 하나밖에 없다.

약속은 지켜질 수도 있고, 그렇지 않을 수도 있다. 지켜지지 않는 약속은 애초부터 의미 없는 것이기에, 그것은 참사랑이 아니다. 약속을 지키기 위한 사랑만이 진정한 사랑이다.

이것은 한 인간으로서 또 하나의 인간에게 전하는 자기 맹세이며, 남의 눈에 드러나기 위한 수단이 아니라, 영원히 자기 스스로 지켜나가는 진실의 실천이다.

사랑은 온유溫柔한 것이나 때로는 참혹하리만큼 고통도 동반되고, 그 진실의 실천을 위해서는 자기가 지닌 모든 것을 버리고 포기해야 하는 경우도 있다.

사랑은 소중하게 지켜나가는 데서 가치를 지니고 의미를 더한다.

그을음이 일지 않는 사랑 - 그것은 순수한 열정에서만이 가능한 것이고, 혼신을 다해 지켜나갈 때만이 이루어질 수 있다.

무엇인가를 손에 쥐어주고 싶으나 아무것도 가진 것이 없어, 그를 안타까워하는 것이 진정한 마음이며, 참사랑의 온기

溫氣가 아닐까.

사람에 따라서는 사랑을 빙자해 명예와 물질적 풍요를 쟁취하는 사람도 있고, 그것을 위해 자신이 가진 모든 것을 아낌없이 버리는 사람도 있다. 어느 것이 더 현명하고 인간다운 결단인가에 대해, 한 마디로 단정짓기는 어렵다.

나는 전자보다는 후자에 마음이 쏠린다.

세월이 지난 다음, 아무것도 이 세상에 존재하는 것은 없다. 사랑했던 사람도, 사랑받았던 사람도—이들을 축복하거나 증오했던 사람도, 남의 일이기에 별 관심 없이 바라보았던 사람도 남아 있지 않는다.

이 모든 것은 우리가 살아 있는 동안만 의미를 지니게 된다.

사랑은 젊은이들만의 독점물이 아니다. 찾아야 할 한쪽을 만나기 위해 헤매는 방황도 아니다. 사랑은 살아가는 모습이며, 영원히 지켜져야 할 약속을 지켜나가는 노력이다.

사랑은 서로의 가슴에 드리운 상대의 무게를 부담스러워하지 않으며, 가볍게 하려고 꾀를 피우지 않을 때만이 가능하다. 이러한 간절함이 어느 한쪽의 것으로만 남는 경우도 있지만, 이 순간에도 후회하지 않는 것이 진정한 사랑이다.

약속을 하고 어느 한쪽이 어겼다고 해서, 지킨 다른 한쪽마저 약속을 어긴 것은 아닌 것처럼….

사랑은 스스로의 힘으로 서지 못할 순간까지도 지켜져야 하고, 서로의 이름을 부르지 못해 빈손을 허공에 대고 휘저을 수 있을 때까지도 지속되어야 한다.

나는 그런 사랑만이 부끄럽지 않은 사랑이라 생각하고, 너를 위하여 그 약속을 끝까지 지켜 나갈 것이다.

잔을 감싸는 온기溫氣만으로

한 잔의 커피에는 더운 김만큼의 온기가 서려 있다.

햇살 나른한 오후, 사무실 전면을 가리고 있는 블라인드를 반쯤 열어본다.

반나절 내내 들여다보고 있던 컴퓨터 모니터에서 눈을 떼고 밖을 내다본다. 사무실로 둘러싸인 바깥풍경은 가로수 하나 보이지 않는 건너편 건물의 창문뿐이다. 그곳도 시선을 의식해서인지 두꺼운 커튼을 내려서 안에서 일어나는 일을 가리고 있다.

고독을 사랑하면서도, 혼자 있는 시간을 견디기 힘들어하는 것이 사람이다.

일거리가 많이 밀린 날에는 방문객의 초인종 소리도 부담스럽지만, 이렇게 흐린 날 오후에는 해맑은 미소가 인상적인 그 사람의 예기치 않은 방문이라도 있었으면 하는 기대로, 출입문 쪽으로 신경이 모아진다.

약속하지 않은 방문이 있을 리 없는 - 자로 잰 듯한 일정에서 잠시 지친 눈을 쉴 겸 커피포트의 스위치를 올린다.

전기로 작동되는 커피포트에 물을 넉넉히 붓고 끓어오르는 시간을 기다린다. 그 사이 찬장에서 종이컵 하나와 일회용 믹스커피 한 개도 꺼내 놓는다. 크림과 설탕이 혼합된 커피가루를 컵에 쏟고, 물이 충분히 끓고 난 후 뜨거운 김이 나가기를 기다려 컵에 반쯤 쏟아 붓는다.

뜨거운 종이컵을 들고 소파에 기대앉는다.

김이 모락모락 피어나는 커피 한 잔의 온기가 손바닥부터 서서히 심장 쪽으로 전이轉移되어 온다. 그 느낌을 조용히 감지하며 서둘지 않고 알맞게 식을 만큼의 시간을 또 기다린다.

커피 한 잔을 마시기 위한 시간은 기다림의 미학을 일깨워 준다.

서둘러 급하게 마시면 목으로 넘어가기도 전에 혀끝을 야단스럽게 자극하고, 향기도 온기도 느낄 새 없이 바삐 마시고 난 종이컵의 밑바닥엔 진한 갈색의 앙금이 더께처럼 붙어있기 때문이다.

아침에 출근해서 한 잔, 점심 먹고 난 후 나른하게 눈이 지치는 시간에 한 잔, 요즘은 하루 한두 잔으로 양을 조절하고 있지만, 한때는 하루에 열 잔 이상의 커피를 마셨다.

처음 커피를 마시게 된 것은 1952년이었으니, 50여 년 전 일이다.

대학 1학년 여름방학 때, 을지로乙支路 어느 다방에서 친척 아저씨를 만날 일이 있었다. 그때만 해도 다방이라는 곳을 무시로 드나드는 사람이 별로 없었고, 다방도 종로와 을지로에 손으로 꼽을 정도였다. 아저씨는 폭신한 소파에 앉자마자 커피를 주문하고, 나는 엉겁결에 "같은 것…." 하고 작은 소리로 얘기했다. 따라 나온 커피는 앙증맞은 하얀 잔에 갈색을 띤 한약 같은 진한 액체가 넘칠 듯이 담겨 있었다.

어떻게 해야 할지 몰라 아저씨가 하는 것을 가만히 쳐다보니, 함께 나온 우유 같은 크림을 듬뿍 넣고 설탕을 두 스푼 넣더니 휘휘 저었다.

그때 아저씨가 하는 대로 따라 해서 마셔본 난생처음의 커피 맛은, 이제까지 마셔본 어떤 음료와도 비교할 수 없어 색다른 맛으로 간직되고 있다. 맛이 있거나 없거나, 짜거나 싱겁거나, 알고 있는 미각의 상식으로는 표현할 수 없지만, 한 모금 마시고 난 다음 혀끝에 남아있는 그 쌉쌀하면서도 감미로운 뒷맛은 형용할 수 없게 복잡 미묘한 여운을 남겼다.

긴 시간 걸러내고 고아낸 식혜나 수정과의 맛이 정감 있는 소박한 시골여인네의 손길 같은 것이라면, 커피 맛은 검은 비로드처럼 고혹적으로 성숙한 채 속내를 알 수 없는 묘한 여성의 눈길 같아, 한번 맛들이면 헤어 나올 수 없는 깊은 수렁과도 같은 맛이다.

어떤 느낌으로 커피의 맛을 다 알았다고 할 수는 없지만, 다

알아야 사랑하게 되는 것이 여성이 아닌 것처럼, 커피는 마시고 난 후에도 자꾸 손이 가게 되는- 참을 수 없는 매력이 있다.

그 날 이후 맺어진 커피와의 인연은 시간이 지나도 길게 이어지고 있다.

학생을 가르치고 사람을 만나고 원고 쓰는 일에 평생을 매달려온 나에게 일상의 커피 한 잔은, 한 잔의 음료가 아니라 어느 때는 갈증을 해소시켜주는 오아시스가 되기도 하고, 일상의 무심한 습관처럼 손과 마음이 자꾸 가는 기호품이 되고 말았다.

그때나 지금이나 커피의 기호는 변하지 않아 '다방커피'를 마시고 있다.

프랑스 여행에서 문인들의 명소로 잘 알려진 '되마고'나 '몽마르뜨' 카페에서는 풍미로 그곳 특유의 브랜드 커피를 사양하지는 않았지만, 일상에서 무시로 마시는 커피는 커피 하나에 크림 두 개, 설탕 한 스푼 반의 진하고 걸쭉한 인스턴트커피를 즐기고 있다.

영국작가 조나단 스위프트는 "커피는 우리를 진지하고 엄숙하고 철학적으로 만든다."고 했고, T.S 엘리엇은 "나는 커피 스푼으로 내 인생을 측량해 왔다."라고 말했지만, 내게 한 잔의 커피는 뜨거운 김으로 피어나는 열정만큼 치열하게 살아온 인생의 동반자이기도 하고, 열정 많은 여인의 붉은 사랑을 떠올리게 하는 시큼한 회상이기도 하다.

이순耳順이 넘어 쓰게 된 호가 운정雲亭 – '구름 위에 지은

카페'이고, 최근에 펴낸 수화隨畵 에세이집 제목이 ≪바람은 떠남이다≫이다. 그러고 보니 평생을 운수행각으로 떠도는 수도승처럼, 의식의 밑바닥에는 훌훌히 떠나는 바람이고 싶고, 현실과는 거리가 멀지만 구름 위에 지은 카페에서 장미꽃 한 송이와 은은한 음악, 맑은 종소리의 영혼의 소리에 묻혀 살고 싶은 열망이 아닌가 싶다.

일생을 살아가는 동안 아끼면서 함께하고 싶은 몇 가지 애호품들이 있다.

오랜 세월의 무게가 얹혀진 골동품 몇 점과 여행에서 사 모은 파이프와 종, 대학 때부터 한두 점씩 모아온 그림들, 그리고 향기 진한 한 잔의 커피를 마시는 시간이다.

기호嗜好는 개인적인 문제다.

어울려 살아가는 동안 좋아하는 것을 함께 좋아할 수 있는 사람과의 만남은, 한 잔의 커피처럼 온화하고 부드러운 바람을 만지는 것 같은 느낌이 든다.

나는 사무실을 찾는 손님에게 직접 커피를 대접한다.

제자들이 방문해도 그 원칙은 변하지 않는다. 내가 즐기는 것을 대접하는 기쁨과, 한 잔의 커피를 나누며 커피만큼 향기롭고 따뜻한 만남이기를 기대하는 마음 때문이다.

사람과의 인연은 기다림과 설렘이 없으면 건조하고 삭막한 관계가 된다.

종이컵에 담긴 커피 한 잔의 의미를 알아주는 사람과 나누는 대화는, 시간이 흐르고 흘러 저물도록 이어져도 지루하지 않다.

나는 한여름에도 더운 커피를 고집한다.

커피에서 온기를 빼는 것은 정열적인 여자에게서 고혹적인 미소를 빼앗는 것과 같기 때문이다.

약藥도 아니고 음식도 아닌 한 잔의 커피 - 때로는 깊이를 가늠할 수 없을 만큼 진한 블랙으로 마셔도 목이 타들어 갈 것 같은 묘한 갈증은, 바라보면서도 속으로만 애태우는 이루어질 수 없는 애달픔은 사랑의 아픔을 닮았다.

그렇다고 시원하게 얼음까지 넣어 후루룩 단숨에 마셔버리는 커피는, 식도를 넘어가기도 전에 시작도 못해보고 끝내야 하는 풋사랑 같아 허망스럽기조차 하다.

커피의 온기가 식어질 때까지 손 안에서 그 맛을 음미하고 싶다.

그 커피의 맛은 쌉싸래하면서도 외면할 수 없어, 세상 여인들이 건네는 술잔보다 훙건한 훙취가 인다.

커피 맛은 밍밍하지 않다.

내가 독특한 풍미를 지닌 커피 맛을 사랑하고 아끼는 것은, 사람도 그만의 향기를 지녀 누구도 흉내 낼 수 없는 자기만의 색깔이 있는 사람을 좋아하기 때문이다.

불멸의 정열로 뜨거운 열정을 뿜어내는 여인과 한 잔의 커피를 마시기를 꿈꾸는 것은, 아직도 나에겐 다 태우지 못한 열정이 남아 있기 때문이다.

인연의 늪

인생과 자연의 질서는 서로 상통하는 점이 많다.

인간도 자연의 일부에 지나지 않는 존재라고 볼 때, 이 둘의 관계가 분리될 수 없는 것은 당연하다.

어떠한 삶도 돌발적으로 이루어지지는 않는다. 원인이 없는 결과는 있을 수 없으며, 근원 없는 존재도 기대할 수 없다. 우리들이 충분히 이해하지 못하고, 때로는 이를 인정하기를 거부하고 있기 때문에, 오늘을 사는 우리들은 늘 고통을 수반하며 불안해 할 수밖에 없다.

삶의 과정은 밤과 낮, 사계四季의 변화와 다르지 않다. 그것은 삶의 환희와 역경, 과정이 연출해내는 굴곡과 같다. 인간은 그 변화의 파도타기 속에서 한없는 행복감에 젖어보기도 하고, 아픔과 고통에 괴로워하거나 불안해하기도 한다.

인간이 자신에게 주어진 시간을 산다는 것은 자기 앞에 놓인 길을 따라 부지런히 발길을 옮기는 일과 같다. 어떤 사람은 잘 닦인 페이브먼트를 따라 힘들이지 않고 적당히 즐기며 삶을 윤택하게 영위하기도 하고, 어떤 사람은 가시밭길에서 온갖 고통을 감내하며 살아간다. 이들 중 어느 것이 더 가치 있는 삶의 모습이고 행복인가를 단정지을 수는 없다. 이런 삶의 실태 속에서 누군가를 한평생 일관되게 사랑하는 것은 아름답고 의미 있는 일이다. 그것은 달리는 말이 왜 달려야 하는가를 생각할 틈도 없이 달리는 일과 같다.

사랑은 저마다의 레이스를 따라 달린다. 이것은 무질서가 아니다. 이 자체가 하나의 질서를 형성한다.

봄은 인연의 싹을 틔우는 계절이고, 여름은 풍성한 늪에서 성찬을 맞는 시기다. 풍성함은 때로 인간의 마음을 넉넉하게 만들기도 하지만, 인간을 한없이 오만하게도 만들 수 있다. 사랑에 있어서의 가을과 겨울의 의미는 성찬을 앞에 놓고 앉은 사람의 여유 같은 것이다.

인간의 가슴에 자리한 애틋함은 무엇에 견줄 수 없을 만큼 아름답고, 맑고 싱그럽다. 사랑의 현주소는 현실이 아니고 이상이다. 발 딛고 있는 세계가 아니라 손으로 가리키고 있는 세상이다. 이 때는 누구나 지상의 존재가 아니라 별이나 숲 속의 주인공이 된다. 그것은 신비한 힘을 지니고, 무한한 가능성을 지니고 있다.

세상의 어느 것 하나 아름답지 않은 것이 없다. 세상은 더없이 가치 있는 것으로 보이고, 모든 것에서는 향기가 넘쳐나는 것으로 느껴진다. 그것은 진리와 도덕, 아름다움의 기준이 된다. 그 이상의 것은 인간이 가지고 있는 헛된 욕심에 지나지 않고, 그 이하의 것은 세상에 존재할 가치조차 없이 무의미하다.

사랑은 언제나 아름다고 영원히 싱그럽다.

사랑은 의외성과 비논리성의 산물이기도 하다. 때로 인간의 뜻과는 무관하게 전개되기도 하고, 그 아픔의 그늘이 드리우는 그림자는 짙고 서늘하며, 그것이 만들어내는 환희는 긴 시간 동안 지속되지도 않는다. 사람들은 저마다 만남을, 그 반대의 상황을 '인연'이라는 말로 표현해 자신의 의지와는 무관한 것임을 강조하고 변명하려고 한다. 때로 의미의 끈을 드리우기 위한 수단도 될 수 있지만, 체념의 벽과 같은 용도로 사용되기도 한다.

사람들은 자신의 심중에 심어 놓은 꽃을 가꾸며 산다. 형체도 없이 향기와 이름만 남아 있는 꽃, 이름조차 희미해진 채 체온만 남아 있는 꽃, 그 어느 것 하나 소중하지 않은 것이 없어 늘 마음은 보물로 그득하다. 남의 눈에는 한낱 덧없는 것인지 모르지만, 자기에게는 이 세상의 어느 것과 견줄 수 없는 보물섬 - 그것이 인연의 늪이다.

"그립고 아쉬움에 가슴 조이며 이제는 거울 앞에 선 내 누님 같은 꽃"처럼 연륜을 바라보기만 할 뿐, 가지 않은 길을 향한 미련의 흔적이다. 그것은 형벌일 수도 있다. 그리움과 아쉬움은 일종의 형벌이다. 사람들은 가슴에 주홍글씨를 새기면서도 사랑을 놓지 않고 산다. 그것은 부끄러운 것이 아니다. 진짜 부끄러운 것은 가슴을 달구었던 사랑을 흔적도 없이 망각하는 잔인함이다.

가슴의 꽃밭을 짓밟는 행위는 자신의 존재를 부정하는 행위다.

오 헨리는 ≪마지막 잎새≫에서 실연의 슬픔을 안고 돌아오는 존시의 머리 위에 눈을 내리게 설정했다. 여기서의 눈은 단순한 배경으로써의 눈이 아니다. 그것은 사랑의 실상을 제시하기 위한 작가 나름의 해석이다. 눈이 내리고 있는 동안은 한없이 깨끗하고 아름다운 것이지만, 녹고 나면 그 아름다움은 사라지고 추하고 더러운 것으로 변하고 만다. 이것은 사랑의 실상을 암시적으로 제시한 예다.

일상의 기억 속에서 누군가를 떠올려 소중히 가슴에 지니는 것은 그 자체만으로도 많은 의미를 함축하는 일이다. 그것은 꽃을 보듬어 내는 일이 될 수도 있지만, 불을 움켜내는 일이 될 수도 있다. 그 어느 경우이든 무궁한 힘을 함축하는 일이며, 가슴 한쪽을 도려내는 듯한 고통을 수반하는 일이다.

사람들은 어느 생명체에 견줄 수 없을 만큼 이해타산에 밝은 동물이다. 인간이 행하는 많은 일 중에서 무모하게 도전하고 그 결과에 1%의 가능성만 있어도 포기하지 않고 열정을 다하는 일 가운데의 하나가 사랑에 관여되는 일이다. 그것은 객관적 판단의 영역에 속하는 일이 아니고, 그 누구에 의해서 대신 행해질 수 있는 일도 아니다.

사랑은 아픔이다.

그러나, 아픔 이상의 그윽한 면모가 있기에 사랑은 영원히 인간의 곁을 떠나지 않는다. 한순간의 일시적인 감정이기보다 여운을 동반하는 일이며, 무한한 내적 의미를 응축하는 정서적 결집체다.

가슴에 서린 사랑의 씨앗은 열기를 발하며 생의 체온이 되기도 하고, 영양소가 되기 때문이다.

봄은 수채화

회색빛 하늘 아래 입춘立春의 바람이 불면 대지는 긴 잠에서 깨어나기 시작한다. 죽은 듯이 웅크리고 있던 나무등걸에는 연록 빛 수액水液이 감돌고, 꽃나무는 노랑 빨강 꽃잎을 내보이고 싶어 황금빛 태양을 기다린다. 나비는 영롱한 날갯짓으로 바람 속에서, 종달새는 아름다운 노래를 부르며 날아오른다.

사람들은 무거운 외투를 벗고 자신을 채색하기 시작한다. 어둡고 우울한 겨울의 꺼풀을 벗고 온갖 색조로 자기를 연출하며 나무와 꽃, 한 마리 새처럼 자연 속으로 이끌려 들어간다. 지나간 시간에서 발췌한 추억의 빛깔과 미래에 대한 꿈의 색깔이 어우러진 신비한 현실의 색채 속에서 자기만의 봄을 그리며 거리로 나선다.

긴 우울과 망설임에서 헤어나 호기 찬 소리를 지르며 달려간다.

달려온 길을 되돌아보며 가슴 가득 숨이 차오르고 힘겨움이 온몸을 휩싸올 때 땀을 닦으면서 뛰어간다. 가끔 나이 탓을 하는 사람이 있다. 우리가 하는 일은 언제나 나이와 걸맞게 편성된다. 공연한 엄살이나 지나친 몸 사림은 실제 나이보다 늙게 만든다.

봄을 사는 우리에게 가장 중요한 것은 진취적이고 의욕적인 마음가짐이다. 나무의 가지를 치는 것은 나무를 죽이기 위함이 아니요, 생명력을 결집시키기 위한 것이듯, 우리와 하나가 될 수 없는 것들은 과감히 도려낼 줄 아는 결단력이 필요하다. 여기에는 정情이 바탕 되어야 한다. 어떠한 일이든 정이 결여되면 심한 환부를 남기게 된다.

봄에는 기도하는 법을 배워야 한다. 가슴 밑바닥에서 일어난 모든 뒤척임을 잠재우고 조용히 무릎을 꿇는 연습을 해야 한다. 겸허한 마음으로, 고요한 눈빛으로 하늘을 바라보는 연습을 해야 한다.

봄에는 소망을 지녀야 한다. 그것이 이루어지거나 이루어지지 않거나가 중요한 것은 아니다. 가슴 한가운데 소망을 지닌다는 것은 꽃을 가꾸는 일과도 같기에, 우리는 우리다운 소망을 소중히 지킬 줄 아는 지혜를 이 봄에 배워야 한다.

기다림의 자세를 견고히 하는 것은 중요하다.

기다릴 대상이 있다는 것은 행복한 일이다. 그 대상이 눈앞에 있든 없든, 그 결과에 대해선 일체의 기대나 추측도 삼가고, 오직 기다린다는 사실에 가슴 설렐 수 있는 순수를 이 봄에 배워야 한다.

봄에는 모든 것을 사랑해야 한다. 사랑하는 일은 살아 있는 모든 이의 의무이기도 하다. 의무를 저버리는 행위는 스스로의 인간됨을 포기하는 것과 같다. 나무를 사랑하고 바람을 사랑하며, 미워했던 대상마저 용서하는 마음을 이 봄에 배워야 한다.

봄을 날씨와 여인의 옷차림에서 느끼는 것은 상식적이고 평범한 것이다. 우리는 우리 마음가짐에 따라 한평생 봄의 주인이 될 수도 있다.

외형적인 것은 감각에 불과할 뿐, 진실한 내면이 아니다. 봄은 다가오는 것이 아니라 스스로 만들어가는 것이다. 우리가 찾고 바라는 봄은 마음속에 있는 것임을 이 봄에 확인해야 한다.

겨울이 우주의 신비를 응축한 침묵의 계절이라면, 봄은 자연의 찬연한 능력을 인간의 눈앞에 펼쳐 보이는 색채의 마술사다. 겨울이 고요를 담은 수묵화라면, 봄은 노래를 담은 한 폭의 수채화다. 겨울이 과묵한 남자라면, 봄은 사랑스러운 여자다.

봄은 향기로운 계절이다.

여자의 오관은 늘 아름다움을 찾아 헤맨다. 봄의 체취에 여자의 감성은 민감하여 바람처럼 그 안에 젖어들게 되고, 여자는 자기 안에 또 하나의 성채城砦를 쌓아가며 아름다운 계절을 확인하게 된다. 여자가 잠시나마 나르시시즘에 잠기게 되는 것도 봄이 주는 야릇한 열기 때문이다.

봄은 여자에게 색색의 의상과 장신구, 화장술에만 머물게 하지 않는다. 평온하다 못해 권태로운 가슴에 푸른 꿈과 분홍빛 연정, 연둣빛 이상을 수놓기 시작한다.

죽음의 빛깔뿐이던 마른 대지 위에 생명의 씨앗이 꿈틀대며 계절을 열 듯, 막연한 기다림으로부터 봄은 시작된다. 기나긴 잠 속에 묻혀 있던 겨울날의 대지와, 현실이라는 늪에 고여 있던 여자의 감성은 봄과 함께 새날에 대한 기대로 부풀어 오른다.

사람들은 봄이라는 계절에 무한한 가능성을 부여한다. 봄과 함께 새로운 생활의 시작을 꿈꾼다. 먼지 낀 일상日常 가운데서도 무작정 새로움에 도전해 본다.

봄을 위해서 가을과 겨울을 살아왔듯이 꿈을 좇아 가슴을 풀기 시작하는 것도, 현실의 틈바구니에서 헤어나 무턱대고 나를 찾아보려고 먼 여행을 준비하는 것도, 자연의 문을 여는 - 봄이 주는 희망의 빛깔 때문이다.

그것은 허황된 빛깔이 아니다. 공중으로 분산되어 사라질 빛이 아니라 더 큰 사랑과 희생을 준비하기 위해 자신을 영글게 할, 한 겹 세월의 흔적이 된다.

봄은 모든 사람에게 무한한 가능성을 향해 자신을 채색하는 신비의 계절이다. 신의 영역에서 한 걸음 나서보는 귀여운 몸짓으로 자신을 돌아보고, 의지를 시험해 보는 사람은 봄이 만든 한 폭의 수채화다.

창밖에는 여전히 봄이 가득하다.

2부

청바지와 나

나는 청바지를 좋아한다.

다크 블루, 모노톤 블루, 아이스 블루…. 20여 년 동안 색의 농도에 따라, 바지의 모양에 따라 많이도 모았다.

특별한 모임에도 눈에 거슬리지만 않는다면 나는 청바지를 입는 것이 더 편하고 자신 있다.

요즘 들어 살아온 연륜이 낯설게 느껴진다. 때로 내 몸을 휘감은 나이테가 6, 70을 헤아리게 되었다는 사실 앞에서 묘한 감정에 빠져들곤 한다. 그러나 낯선 숫자가 만들어내는 감상에 휘말려 실제 나이보다 늙게 살고 싶지는 않다.

나는 젊음의 한 끝을 놓치지 않으려고 노력한다. 시간이 있을 때마다 산을 오르고, 심부름하는 아이도 없는 썰렁한 방이지만 출퇴근 시간을 정해 놓고 방을 지키는 것은, 스스로를 위해 마련한 규칙 중의 하나다.

청바지를 즐겨 입는 것도 그런 의도의 일환이다. 청바지를 내 고유의 옷으로 입기 시작한 지도 20년이 넘는다.

요즘은 시간의 빠름을 절감한다. 강의 시간에 늦지 않으려고 마음을 조이고, 퇴근을 한 다음에 하루 동안 쌓인 피로를 씻기 위해 동료들과 어울려 목로주점에서 잘 못하는 술이지만, 분위기가 좋아 잔을 기울이는 사이에 나의 '시간 열차'는 나를 여기까지 데려다 놓았다.

이것은 안타까운 일도 아니고, 누구에게 투정부릴 일도 아니다. 젊음이 투쟁에 의해 얻어진 노획물이 아니듯, 지금의 나이도 잘못의 대가로 받은 형량이 아니기 때문이다.

젊은 날의 내 모습은 사회가 요구하던 규격품의 모습이었다. 무수한 끈으로 포박당한 채 살아온 시간이었다.

몇 십 년을 주기적으로 반복하는 강의지만 늘 부담스럽기는 마찬가지다. 틀에 박힌 생활, 보직에 따라 주어지는 임무, 선생이라는 이유 때문에 무조건 참아야 하는 이율배반의 처신….

청바지와 캐주얼을 즐겨 입게 된 것은 지나치리만큼 형식에 매달려 규격화된 채 살아온 내 젊은 날에 대한 일종의 반란이거나, 보상심리에 기인한 결과인지도 모른다.

이제는 눈치 보는 일에서 벗어나 마음을 비우며 살고 싶다. 아무 데나 주저앉아 하늘의 별을 헤아리고, 흐르는 물줄기를 바라보며 돌아갈 수 없는 시간들이 모여 사는 곳을 향해 힘껏 이름이라도 불러보기 위해서는 청바지가 제격이다.

넥타이를 매고 후줄근한 양복을 걸친 채 한강변을 거니는 초라한 형상보다, 청바지에 남방을 받쳐 입고 시선을 멀리 던지며 사색에 젖어 있는 모습이 더 여유롭다.

청바지는 나를 모든 구속으로부터 벗어나게 하는 탈출의 동반자요, 동조자다.

옷은 어느 면에서 보면 자신의 열등한 국면을 가리는 수단이며 방편이다. 남을 의식하지 않고 살 수는 없지만, 지나치게 신경 쓰는 것은 소심小心함을 밖으로 드러내는 소치에 지나지 않는다. 그 외에는 일시적 가치를 지닌 것에 불과하다. 그것은 언제나 벗어 던지고 나면 인연이 끊기고 마는 것이다. 오랫동안 함께할 수 있는, 함께해야 하도록 운명지워진 것이 아니기 때문이다. 겉치레의 노예가 되는 일은 자존심을 스스로 손상시키는 일이다.

우리에게 문제가 되는 것은 현재의 처지와 나이가 아니고, 진취적 자세로 자신의 삶을 주도하는 자세다.

죽음은 나이에 비례하지 않는다. 의지에 따라 젊게 살 수 있고, 오래 살 수도 있다. 진짜 늙고 죽음의 길에 들어선 사람은 스스로 자신을 관념의 끈으로 묶어놓고 그 안에서 헤어 나오지 못하는 사람이다.

나는 그 끈으로 나를 포박한 채 노예 상태로 살아야 했던 시간을 몇 년이라도 단축할 수 있었던 용기에 감사한다.

명예니 권세니 하는 것은 한낱 장식품에 지나지 않는다. 장식품은 말 그대로 장식품일 뿐 본체는 아니다. 본체와 분리될 수 있는 가능성을 가진 것은 애착의 산물이다.

장식품은 진귀한 것이라 해도 체온이 없는 물질에 지나지 않는다.

청바지는 값비싼 고급 상품이 아니다. 서양 노동자들이 즐겨 입는 작업복에 지나지 않는다. 나는 나로부터 자유롭기 위해 사회적 통념의 구속을 비교적 적게 받는 청바지와 간단한 남방 차림을 일상복으로 애용하고 있다. 남에게 잘 보이기 위해 옷이 주는 고통을 감내하는 일을 반복할 필요를 느끼지 않아, 오늘도 나는 청바지 차림으로 집을 나선다.

누구 앞에서도 어색하거나 부끄럽지 않다. 상대에게 결례를 범한다고 생각하지 않는다. 다른 사람으로 하여금 심리적 부담을 덜게 하므로, 피곤한 사람에게 청량제 역할을 할 수도 있다.

이런 생각도 삶의 군더더기에 지나지 않는다. 벗어던지고 나면 누구의 것인지도 알 수 없는 것에 마음을 빼앗긴다는 것이 허망한 일임을 깨닫게 된다.

황량한 벌판 끝에서 석양을 등진 채 말을 타고 언덕을 넘어오던 사나이와, 누렇게 익은 곡식을 바라보며 흐뭇한 미소를 흘리는 농부처럼 노년을 내 것으로 소유하고 싶어, 오늘도 '청바지가 잘 어울리는 남자'를 꿈꾸며 내 길을 걸어가고 있다.

젊은 노년으로 청바지처럼 질긴 -늘 구김을 두려워하지 않으며 살고 싶다.

구름이 사는 카페

특별한 인연이 없이도 살갑게 느껴지는 사람이 있으면 남다른 애착을 갖게 된다.

그의 체취가 자기 주변에 그림자처럼 남아 있다는 사실만으로도, 위안을 받아 잃었던 삶에 활기를 회복하게 된다.

이 모든 것은 집착에서 비롯되지만, 그것의 순기능順機能을 생각하면 애써 기피할 필요는 없다. 저마다 현실적인 문제에 매달려 정신을 쏟다보면 소중하게 생각되던 것마저 범상하게 여겨져 허허벌판에 혼자 있는 것 같은 공허감에 빠져들다가, 이전의 기억 속에서 모습을 드러내는 - 그 실체와 막닥뜨리게 되면 주체할 수 없는 행복감에 들뜰 때가 있다.

지금은 흐른 세월의 무게가 감당하기 어려워 겨우 흉내만 내지만, 이전에는 틈이 날 때마다 산에 오르고 기회가 있으면 짐을 챙겨 길 떠나기를 주저하지 않았다.

소담한 모습으로, 자신이 아니면 만들어낼 수 없는 빛깔과 향내를 뿜어내며 서 있는 풀꽃을 비롯해, 세상 살기에 지쳐 있으면서 그 자리를 지키며 주어진 일에 열중하는 사람들과 만나 살아가는 숨결을 통해 순박함을 느끼기 위해서다. 서로에 대해 아는 것이 없어 오히려 정이 가는 것들, 나는 갈 수 있는 곳이면 어디든 가보려고 애를 쓴다.

주말이면 동료들과 어울려 강원도 이름 없는 산 정상에 서 보기도 하고, 관악산 바위 위에 걸터앉아 보기 위해 곳곳을 찾아다니기도 한다. 그들과 이웃이 되기 위해, 그들 속에서 같은 삶의 주인이 되기 위해서다.

그때마다 짐을 챙겨 더 가야 할지, 서둘러 왔던 길을 따라 돌아가야 할지 마음을 결정하는 데 절대적 기여를 했던 것이 구름이다. 그는 내가 하늘을 올려다볼 때마다 말없이 그윽한 눈빛으로, 또는 어두운 표정으로 자신의 의사를 특유의 얼굴로 피력하곤 한다.

늘 나를 내려다보면서 내 짙은 외로움을 삭이는 일에 배려를 아끼지 않았던 구름 - 구름은 내게 더없이 소중한 존재이며, 어디에서 어떤 모습으로 있던 같은 구름으로만 보였다.

구름의 존재에 매료되어 동화되기 시작한 것은 1989년 모스코바 공항에 도착해서 트랩을 내려오며 하늘을 올려다본 순간부터다. 영원히 와볼 수 없을 것이라 생각했던 나라에 왔는데,

구름은 이미 먼저 와서 나를 바라보고 있었다. 버릇처럼 바라본 하늘에서 조금 슬픈 표정으로 나를 응시하던 그 구름의 표정, 그가 하고 싶었던 말이 무엇인지 다그쳐 물을 수는 없었지만, 무슨 말을 내게 하고 싶어 했다.

그 땅에도 구름이 올 수 있고, 코발트 빛깔의 하늘이 있다는 사실이 그렇게 신기할 수가 없었다. 그곳을 여행하는 동안 나는 줄곧 구름을 바라보는 일에만 열중했다. 보고 봐도 싫증이 나지 않아서다.

내가 아호를 '운정雲亭' - 구름 '운'자에 정자 '정'자로 하고, '구름카페'의 주인이 되고 싶다고 한 것도 이 때문이다.

넓은 창과 길게 드리운 커튼, 고갱의 그림이 원시의 향수를 느끼게 하고, 무딘 첼로의 음률이 영혼 깊숙이 파고들어 인간의 짙은 향내를 느끼게 하는 곳에서, 구름과 마주하고 싶어 붙여진 이름이고 소망이다.

이것은 이미 내 마음 안에 마련되어 있는 공간이기에 소망이 아니고 현실로서의 카페다. 어려움 속에서도 여유를 잃지 않고 살아올 수 있었던 것은 내 마음 안에 그런 장소가 있었기 때문이다. 나는 언제나 이런 모습으로 살고 싶다. 내 삶의 많은 부분이 구름과 다르지 않고, 여생 동안 그와의 동행을 거부할 의사가 없다.

아무 말 없이 흘러가는 대로 갈 수 있는 데까지 가다 눈물을 흘리는 것으로 그리움을 삭이고, 분노를 빛과 소리로 분출하는 구름 - 나는 비가 내리거나 번개와 천둥이 주변을 어지럽힐 때면 그의 표정을 살피며 한동안 카페의 넓은 창을 통해 서 있곤 한다. 울음이나 감정의 폭발을 바라보는 것이 사랑의 표현이라고 믿어서다.

훗날, 가능만 하면 나는 구름으로 태어나고 싶다.

내가 그동안 쓴 글이나 누군가와 나누었던 말, 상대를 의식하며 평생 동안 했던 강의까지도 구름과 같은 존재로 여기고 싶다.

그런 것들이 어떻게 인식되고, 어떤 평가를 받을지는 상관하고 싶지 않다. 이미 나를 떠나 허공에 흩어진 것들이다. 그들이 비가 되어 목마른 생명의 목을 적실 수 있으면 다행이지만, 그렇지 않아도 어쩔 도리가 없다. 분노도 혼자만의 답답함이고 안타까움일 뿐, 그것에 대해 두려움을 갖지 않는다.

나는 지금까지 구름처럼 살아온 것같이 앞으로도 그렇게 살 것이다. 애써 누군가를 찾아 동행을 권하지 않고, 겸허한 마음으로 만족하며 살려고 한다.

맑은 날이면 맑은 차림으로 길을 나서서 갈 수 있는 데까지 유유히 산책하고, 물을 필요로 하는 생명이 있으면 주변의 동료와 상의해 묘안을 강구할 것이다. 그러다 지치면 카페로 돌아와 조용히 쉬고 싶다.

어느 정도 피곤이 풀리면 그 자리에 장미 한 송이만 가져도 세상을 다 가진 것처럼 기뻐하는 마음 연약한 사람들을 초대해, 오래된 포도주를 꺼내 그들의 갈증을 풀어주고, 차를 끓여 정성스럽게 대접하고 싶다. 그들의 환한 얼굴을 바라보며 많은 이야기를 나눌 수 있게, 촛불이나 등잔에 기름을 채워 불을 붙여놓을 것이다.

이것이 내 소망이다.

이제 무엇이 더 필요한가.

내 문학은 그런 삶을 살기 위한 준비였을 뿐이다.

지금도 구름이 내 곁에 와 나를 바라보고 있다.

나는 그를 위해 어떤 준비도 할 필요가 없다.

일상의 모습처럼 그와 마주앉아 서로 바라보고만 있어도 행복하다.

순결, 그 지순한 이름

'아벨라르'와 '엘로이즈'가 나눈 사랑의 편지는 12세기 프랑스 수필문학의 대표작이다.

열렬한 남녀간의 사랑이 고매한 인격체로 합일되는 과정의 편지글이, 사랑이 동반하는 기쁨과 슬픔의 역정歷程을 그리고 있다.

'아벨라르'와 '엘로이즈'의 편지는 온 세계에 널리 알려진 서한문으로, 8백여 년 전에 사제司祭와 수녀 사이에서 사랑의 편지라는 점에서 주목되는 글이다. '아벨라르'가 '엘로이즈'를 사랑하였다는 죗값으로, 남자의 상징인 성기性器를 예리한 칼로 잘리었다는 점에서 참혹한 내용을 지니고 있는 이채로운 글이다.

이 편지는 12세기 이래로 수많은 사람의 감동과 동정을 불러일으키며, 그 특이한 내용과 짙은 문학성 때문에 소설화되는 사례까지 만들었고, 만인의 눈물로 오늘에 이르도록 읽혀지고 있다.

'아벨라르'와 '엘로이즈'는 스승과 제자의 인연으로 만나 현실에서 이루어질 수 없는 사랑을 정신적으로 승화시켰다. 만년에는 사제와 수녀의 몸으로 바뀌고, 사후에는 두 사람을 합장合葬하여 많은 참배객이 끊이지 않아, 사랑의 성역을 이루고 있다. 그들은 사랑이라는 생명력을 고통 속에서 순결하게 지킴으로써 고귀한 사랑의 전설을 남겼다.

생명은 아름답다. 나에게 있어서도 그 생명은 더더욱 아름답다.

조락凋落의 음영陰影과 겨울의 함묵 속에서 발견할 수 있는 하나의 생명체는 그리움으로부터 시작된 나의 분신이다. 내 안에 응축되어 있던 생명의 불씨를 되살아나게 한 힘의 비밀은 무엇일까. 그것은 우리 앞에 드러나기 시작한 새로운 의미의 신비 때문이다. 현실의 눈으로는 볼 수 없는 무수한 의미가 주던 충만감은 일체의 가치를 뒤엎는 변혁을 이루었다.

진흙으로 빚어진 '아담'은 신이 불어넣은 생명력에 의해 인간으로 창조되었다. 생명을 지탱하는 힘은 지적知的이며 정적情的 인식으로 강해질 수 있고, 그러한 능력은 행복의 창조에 절대불가결의 요소가 될 수 있다.

인간은 환경이라는 테두리 안에서 인식이 가능하도록 운명지워져 있다. 인간이 갖는 한계성은 인간을 나약한 숙명론자로 만들기도 하지만, 행복을 추구할 수 있는 능력이 공평하게 주어진 것은 신의 은총이기도 하다.

인식의 능력은 자기의지에 의해서 축소되기도 하고, 확장되기도 하며 행복의 절대가치를 구성하게 된다. 능력의 확장은 삶의 의미를 배가시키고 생명을 밀도 있게 엮어주기도 한다.

비바람에 쓸리며 청순한 빛깔을 더해 가는 들풀과, 작은 행복을 향해 달리는 마지막 밤 열차, 사랑하는 사람의 체취를 소중히 간직하는 마음들은 현란하고 자신만만한 현대인에게는 볼품없고 초라하며, 항상 외로웠던 의미들이 함께 바라보는 사이에 다시금 되살아나 우리를 얼마나 감동시켰던가. 타인과의 접목이 어려우리만큼 타협할 수 없던 사유와 행위는 너로 하여금 당위성을 찾을 수 있었다.

너는 나와 같은 생각 속에서 살고 있었고, 나와 같은 행위로 혼자만의 길을 걷고 있었다. 우리가 간직한 생활 저변의 의미는 서로를 다독여 살아나기 시작하며, 신이 인간을 창조하듯 나의 생명은 환생의 신비를 얻게 되었다.

나를 이루고 지배하던 모든 요소가 허상이었음을 깨달을 즈음, 내부에 일기 시작한 생성의 욕구는 나를 더없이 순결하게 만들었다. 지나온 세월과 삶의 이력이 여실히 드러나는 현실에서 순결성은 무슨 착각이란 말인가. 과거도 미래도 없이 순진무구한 사람으로 변신하여 네 곁에서 너를 바라보고 싶은 욕망과, 혼탁한 세상에서 너의 정결한 모습은 나를 행복하게 하고, 나는 그 안에서 영원한 생명력을 감득感得하기 때문이다.

순결성 - 그것은 결코 허황된 관념의 지대에 머무는 창백한 어휘가 아니다. 우리가 가꾸고 지켜야 할 자기와의 약속이다. 너를 위하여 일체의 존재를 거부하고 어떠한 사념思念도 용납하지 않는 절대성을 지향하기에 순결은 지순至純한 생명력을 재창조하고 있는지도 모른다.

굴절될 수 없는 감정은 외로움을 만들고, 며칠이고 깨어날 수 없는 슬픔으로 되돌아오기도 하지만, 그러한 희생은 너를 위하여 번제燔祭되는 내 생명의 일부라고 생각한다. 현대는 결코 희생을 강요하지는 않는다. 신이 인간을 위해 조작되고, 인륜이 인권에 의해 저지되는 시대에 희생을 말하므로, 사랑은 얼마나 불확실한 명제命題인가.

나의 그리움은 전체일 수 없어 더 큰 심적 희생을 요구한다. 그것은 규약 없는 아픔이어서 더 값지고, 스스로 택한 고난의 길이기에 나는 즐겨 이 길을 걸을 수 있다. 강요된 길이거나 대가가 확실한 삶의 모색이었다면 희생은 도정道程에서 이루어지는 고통이겠으나, 나의 고통은 그 자체가 목적이며 수단이다.

목적을 바라보고 행해지는 사랑은 이미 사랑의 실체를 훼손하거나, 사랑을 빙자한 사기행각에 불과하다.

사랑은 오직 사랑이 목적이어야 한다. 안락한 유혹의 잔재에서 홀연히 털고 일어설 수 있는 의지와 끊임없는 눈물로 나의 생명은 이어진다.

순결은 너를 위한 지고至高의 목적이며, 고통과 희생은 나만의 지순한 사랑의 방법이기 때문이다.

사랑의 묘목

사랑은 사랑으로만 의미를 가질 때, 청초하고 숭고하다.

인간의 정이 어떤 목적을 달성하기 위한 수단이나 방편으로 이용될 때, 그것은 본연의 체취와 빛깔을 상실한—추잡하고 혐오스러운 것으로 전락되고 만다.

'사랑'이라는 의미에는 많은 형태가 존재한다.

부모자식간의 사랑으로부터 조국과 민족에 대한 포괄된 사랑까지, 그 중에서도 가장 절절한 것은 남녀간의 사랑이다. 그것은 인간에게 큰 의미를 낳거나 실추시키는 바탕이 되며 고통을 동반하기도 하고, 한 인간을 파멸시켜 새롭게 태어나게도 한다.

사랑은 많은 것을 참고 견딜 것을 강요하고, 송두리째 버려야 할 경우도 있다. 아픔을 동반하지 않은 사랑은 온실에 핀

화초처럼 순탄한 생명으로 유지될지 모르지만, 변질의 위험을 가질 수밖에 없다. 삭막한 환경 속에서도 인간이 본연의 면모를 잃지 않고 내면의 아름다움을 지탱할 수 있는 것은, 인간 심상의 한가운데 뚜렷한 모습으로 존재하는 사랑의 힘 때문이다.

사랑은 인간을 나약하게 만들고, 소극적이며 비현실적인 것처럼 생각할 수도 있지만, 인간을 강하게 만드는 에너지를 가지고 있다.

나는 그대를 사랑하노라.
하고 싶어 하는 사랑이매
그대에게 구하는 바 없노라.

나는 내 모두를 그대에게 주노라.
주고 싶어 주는 것이매
그대에게 바라는 바 없노라.

그대 만일 나를 사랑하면
기쁘게 받겠노라. 그러나,
나는 그대에게 진실로 구하는 바 없노라.

이광수李光洙의 시 〈무소구無所求〉의 전문이다.

자신을 구속하는 것은 타인의 눈이나 손이 아니라 자기 자신이다. 이런 면에서 사람들은 누구나 자신이 쳐놓은 그물에 걸려 스스로를 괴롭히고 있는 존재인지도 모른다. 아무것도 기대하지 않는 것, 다만 줄 뿐 어떠한 대가에도 마음 쓰지 않는 태도가 스스로 자신을 자유롭게 한다.

사랑은 양면성을 전제로 성립된다. 소유하고 싶은 만큼 소유 당하기를 희망하는 것이 사랑이고, 영원을 다짐하나 순간도 포기하지 못하는 것이 사랑이다. 상대방이 지닌 속성 중에서 어느 일면만을 편애하는 것은 처음부터 모든 것을 미워하는 일보다 잔인한 일이기 때문이다.

사랑의 속성 중에 하나가 승패가 없다는 점이다. 이룸이라는 자체도 추상적이므로, 이루어진 사랑이 반드시 이루어지지 않은 사랑보다 강할 수 없는 것이고, 이룸은 끝을 의미하는 것이 아니라 시작을 뜻하는 것이기에, 그 결과도 자기 생애에 판정되는 것이 아니다.

사랑은 누군가를 위해서, 자신을 지키고 경건하게 기다리는 다소곳한 것일 때, 가치가 있다.

우리는 누군가를 애틋하게 사랑하기보다 증오와 멸시, 처절하리만큼 매도하는 데 익숙해져 있다. 그 결과는 서로를 불신하고, 자기 자신에게마저 인색하게 된다.

이제, 그런 저급한 습성에서 벗어나야 한다. 떨치고 일어서야 한다. 아픔을 감싸줄 알고, 들춰내지 않아도 괜찮은 일은 애정으로 덮고 생활할 줄 알아야 한다. 우리가 누군가에게 자신 있게 알려줄 수 있는 가치 있는 것은 사랑하는 법이다. 순수하게 사랑하는 법이다. 이기심에서 벗어나야 하고, 자기 아집에서 이탈하여 독선을 떨쳐내야 한다.

우리 사회는 우리만 살고 갈 나라가 아니라, 후손이 영원히 살아야 할 나라다. 사랑으로 충만한 땅이 되고 서로 믿고 사는 인간관계가 형성될 때, 진정한 의미에서 우리의 미래는 보장된다. 지난 시절의 작은 마음에서 벗어나 큰마음을 지녀야 한다.

사랑은 자신을 자신 이상의 존재로 격상시키며 새로운 힘까지 우려낼 수 있는 능력을 지녔다.

우리 사회에는 사랑이라는 미명 아래 퇴색된 무질서가 만연하고 있다. 조상들이 보물처럼 지켜오던 것들이 쉽게 무너져 내동댕이쳐지고 있다. 그것은 비극이며 참혹한 자멸이다. 애틋하게 지켜져야 할 것들은 지켜짐으로 해서 참다운 가치를 발휘할 수 있다. 순간에 이루려는 조급함으로 지켜왔던 것을 한꺼번에 무너뜨리는 일은 어리석다.

우리는 주어진 삶에 많은 것을 소유하려고 한다. 욕심은 오히려 많은 것을 잃게 한다. 모든 것은 사랑이 결여된 데서 오는 결과다.

진정한 의미의 사랑을 이루는 길, 우리가 스스로 허물에서 벗어나는 길은 사랑을 이루려는 지혜를 통해서만 가능하다.

우리는 이제 불신의 틀에서 벗어나 하늘 높이까지 날아올라야 한다. 가슴에 사랑의 꽃을 피우고 그 향기와 빛깔의 의미를 되새겨야 한다. 순간순간의 기분으로 자기 인생을 소비하지 말고, 긴 안목과 넓은 가슴으로 감싸 안아야 한다.

이 모든 것은 사랑의 힘에 의해서만 가능하다.

저마다 영혼의 값진 의미, 사랑의 묘목이 심어져야 한다. 창밖에는 여전히 봄이 가득하다.

사랑은 고귀한 생명체

기다림이나 고통도 없이 흐르는 강물처럼 무표정하게 살아가는 사람들이 있다.

그들의 가슴에는 얼마나 많은 뒤척임이 있을까. 어떠한 유혹이나 부추김에도 자신의 위치를 지켜나가며, 우리는 심해深海의 수초水草처럼 살아가고 있는지도 모른다.

살아 있음을 가장 선명히 보여주고 있는 명예와 스스로의 존재 가치에 대한 긍지, 늘 밝은 표정으로 다가와 따라주던 사람들…. 그것이 진정한 행복의 요소이며, 사는 것처럼 살아가는 사람의 조건이 되는 것일까.

사랑은 삶의 원칙이며, 행동에 역동성을 부여한다. 한 인간의 삶을 지탱하는 근본은 그의 가슴에 살아 있는 사랑이다. 사랑은 삶을 싱싱하게 만드는 묘한 힘을 가지고 있다.

그것은 많은 아픔을 동반한다. 이제까지 범상凡常의 범위를 넘지 못하던 것을 그 이상의 존재로 격상시키고, 버릴 수 있는 것조차 오랫동안 지키게 하며, 생명처럼 지니고 있던 것을 버리게도 한다. 사랑하는 사람의 아픔은 다만 사랑의 모습일 뿐, 그 이상도 이하도 아니다.

이 모든 것은 체념이 아니고 강한 의욕이다.

사랑은 인간이 지닌 가장 고귀한 생명체이며, 인간이 그 본래의 면모를 잃지 않고 자기 내면의 아름다움을 지니며 지탱할 수 있는 것은, 그가 지닌 사랑의 힘 때문이다.

때로 사랑은 인간을 나약하게 만들고 소극적이게 하며, 비현실적인 결과를 가져오게 하는 것처럼 보이지만, 그것은 단편적인 면일 뿐, 긴 안목으로 보면 인간을 강하게 만든다.

구하는 바가 없으면서도 모두를 내줄 용기를 가지는 것이 진정한 사랑이라고 생각할 때, 그 실천은 용기를 필요로 하는 것이 틀림없다.

사랑에는 승패가 없다. 이루어진 사랑이 이루어지지 않은 사랑보다 아름다운 것이라고 말할 수 없다.

한 인간의 가슴에 소담하게 피어 있는 사랑, 그것은 안타까움이라는 햇볕과 그리움이라는 수분을 통해 성장한다. 사랑은 묵묵한 바위가 아니기에 언제나 방황하고 뒤척이며, 때로는 사랑이 아닌 것처럼 보일 수도 있다.

우리에게 필요한 것이 있다면 보다 견고한 사랑을 지니는 일이다. 고독 때문에 스스로의 가슴을 침잠시키든가, 스스로 자유롭기 위해 주변의 질서 속에 의미 없이 동화되어 버리는 것은 좌절이며, 다시는 떠오를 수 없는 침몰이다.

장미에는 가시가 있다. 그것을 우리가 흘리는 눈물이라고 생각해도 좋다. 가시가 장미의 아름다움을 반감시키지는 않는다. 참다운 사랑엔 그만한 무게와 부피의 아픔이 따르고 눈물이 배어 있음을 확인해야 한다.

사랑은 완전한 계약을 통해 이루어지는 것이 아니다. 사랑은 뒤척이게 하는 간절함을 통해 움트는 것이며, 그 아픔을 통해 더욱 견고해진다.

그것은 촛불과도 같다. 자신을 태워 주위를 밝히듯, 자신의 열정을 가슴앓이로 삭이며 지켜나가는 것이다.

사랑은 어느 경우에도 수단이나 방편이 될 수 없다. 이 계율을 엄격히 지켜나가야 한다.

부분을 사랑하는 것은 전체를 미워하는 일보다 잔인한 행위다.

촛불

살아간다는 것이 현실에 타협한다는 의미이고 보면, 현실을 떠나 살아갈 수 있는 사람은 얼마나 될까.

현실을 극복해 보려고 발버둥칠수록 그 굴레의 와중으로 쏠려 들어가고 헤어날 수 없다. 현실은 응시하는 것이기보다 조망하는 편이 바른 태도다.

현실과 부딪쳐 나름대로의 결실을 맺어가면서도 어떤 상상의 세계를 동경해 본다든가, 자연의 경관이나 예술의 심오함에 깊이 침잠되어 가면서 마음의 상처를 치유해 보는 것도 값진 일이다. 그것은 현실을 무시하는 데서 비롯되는 것이 아니고, 여유를 가져보는 느긋함에서 생기는 것이기에, 자기 위로의 한 방편일 수도 있다. 현실에는 어떠한 경우에도 만족이 있을 수 없어 불만은 쌓이기 때문이다.

때로는 불만이 돌변하여 만족이라는 형태로 탈바꿈되기도 한다. 이는 자신을 바라보는 - 자신을 위로할 수 있는 눈을 가졌을 때다.

누구나 자신의 욕구를 저버릴 수 없다. 그 욕구에 해당하는 만족을 구하기란 불가능하다.

열심히 살아가다가 다람쥐 쳇바퀴 식으로 반복되는 생활의 질서와 제한된 삶의 반경에 스스로 역겨움을 느껴 하늘을 쳐다볼 때가 있다.

갑자기 찾아드는 별빛, 온몸을 감싸 안은 듯한 빛이 유난히 정겹게 느껴질 때, 이제까지 온몸을 할퀴던 답답함은 형언할 수 없는 기쁨으로 번져간다. 어느 날은 빌딩 뒤에 숨어 있던 달이나 빠른 속도로 스쳐가는 자동차 불빛과 경적 소리마저 가슴에 유난히 남는다. 그런 날, 그것들은 너무나 소중히 느껴진다. 그것은 나를 위협하는 것도 아니고 미워하는 것도 아니다. 마치 촛불의 광도가 주위를 환히 밝히듯, 나는 그 빛의 범위 안에서 살아가고 있다.

그런 날 밤에는 촛불을 켠다.

때로 그것은 문명에 밀려난 자연의 모습일 수도 있다. 그 순간 원시의 한 주민이 되고, 갈망의 주체가 된다. 더러는 투박하고 때 묻었던 지난 시간들마저 그 촛불 아래 보인다. 덩그러니 비어 있는 넓은 빈방에 혼자 있는 편안과 포근함은 문명의 도구 앞에서 느꼈던 것과 비할 바가 아니다.

여러 형제가 좁은 방에 얼러 지내며 너도 나도 공부방 갖기를 희망하면서 잠이 들던 날들, 돌부리에 발이 채어 신발이 쉬 해지고 넘어져서 무릎이 깨지던 기억들이 오히려 아름다운 풀꽃처럼 느껴지는 것도, 이 촛불 아래서다.

모든 것은 생각하기에 따라서 새로운 모습과 의미로 되살아난다. 우리는 이 세상에서 그 누구에 의해서도 위로받을 수 없다. 잠시 가난의 절절한 안타까움이 잊혀질 수는 있지만, 인간의 근본적 고독은 남이 대신할 수가 없다.

촛불 아래 앉은 사람만큼 겸허한 마음으로 자신 속에 침잠하는 사람은 없다. 그것은 가장 소중한 것을 지키기 위한 연연함이기도 하다. 우리에게 소중한 것은 가슴 한켠에 남아있는 - 어떤 개화에 의해서도 변모되어 있지 않은 순수다.

그것이 얼마만한 가치가 있고, 금액으로 환산하면 어느 정도라고 말할 수는 없다. 그것이 자신을 지탱해 나가는 근본이라는 사실은 누구도 부인할 수 없다.

그것은 촛불과 같다.

우리는 타들어가는 그 모습을 보며 우리와 살을 비비며 살았던 이웃의 모습을 발견할 수 있다. 우리가 언제 마음껏 소리라도 질러 보았는가. 우리가 언제 실컷 울어나 보았는가. 그냥 그대로 사회의 구성원이 되어 자릿값을 하느라 얼마나 힘겨워 했는가. 밖으로는 아무 기색도 내보이지 못하면서….

메마르고 각박한 현실 속에서도 우리는 용케도 참아오지 않았는가. 저 촛불의 가련한 광채처럼 - 그는 아무 말도 하지 않는다. 그 기능이 촛불에겐 거세되어 있다.

가끔 스탠드 불을 끄고 촛불 아래서 책을 읽거나 음악을 들을 때가 있다. 그때 오관이 아닌 가슴으로 스며 옴을 느낀다. 그때의 나는 세상에 혼자다. 나이도 이름도 내가 하고 있는 모든 일도 나와 무관하게 느껴지고, 그때의 이러한 것들은 내 것이 아니다. 다만 촛불 아래 모인 낯익은 것뿐이다.

이러한 일들이 제3자의 눈엔 주책없거나 치기스러운 일로 인식될지 모르나 그것마저 앗아가 버리면 나는 과연 무엇인가. 어느 것 하나 자기다운 점이란 없는 그저 그대로의 생활인, 주어진 일을 성실히 수행하고, 그 대가로 일용日用할 양식을 구하며, 때로는 그 명목적名目的 숫자를 비교해 우쭐하기도 하고, 서운해 하기도 하면서 사는 것이 진정한 삶의 모습일까. 그것이 살아가는 모습의 전부라는 명제엔 누구도 수긍할 수는 없다.

촛불을 바라본다. 밤이 깊어가거나 내일을 위해 잠을 청해야 할 시간이라는 기존의 상념들을 머릿속에서 말끔히 털어버린다.

촛불만을 바라보며 녹아내리는 촛불과 열렬한 삶의 의욕 같은 불꽃만을 바라볼 뿐이다.

이제부터는 자기답게 살고 싶다. 높은 학문이나 모든 사람의 갈채를 위해서 살지 않고 나다운, 나일 수밖에 없는 것에 나를 태우고 싶다. 남과 어둠을 위해서가 아닌, 공연한 허장성세가 아닌, 초로草露처럼 비치던 나, 언젠가는 옛사람이 되어버릴 나를 위해, 이 밤도 나는 촛불이 되고 싶다.

촛불이 되고 싶다.

꽃과 나비

계절은 변함없이 우리에게 봄을 보낸다.

칙칙한 빛깔로 채워져 있던 자리엔 화사한 모습을 드러내고, 온갖 꽃이 현란한 색채와 향기로 채워진다.

자연은 태고의 모습을 유지할 때, 가장 이상적인 면모를 지닌다. 문화와 문명은 자연의 틈새를 비집고 들어온 이끼와 곰팡이에 비유할 수 있다. 이것은 인위적으로 급조되거나 마구잡이로 축조된 부산물이다. 굴러온 돌이 박혀있는 돌을 빼내는 것처럼, 자연을 훼손해 생태계를 엉망으로 만들어 놓아 그 심각성은 더해가고 있다.

인간은 생존의 터전인 지구에서 기거하기 시작해 오늘에 이르는 동안 위기상황에 놓여 생존의 터전으로써 용도 폐기될 상황에 있다. 생존을 위해 필요한 자원은 고갈되어 그 밑바닥을 드러내며, 인구 60억이라는 가공할 숫자를 치닫고 있다.

과학맹신주의와 물질의 결핍으로부터 헤어날 수 있기를 갈망하던 사람의 열망이 유일한 생존의 터전을 이렇게 만들어 놓았다. 살기 위해 시작한 일이 죽음을 불러온 상황과 다르지 않다. 당시에는 그 길만이 행복한 삶의 대안이었지만 뒤처리를 제대로 하지 않아 재앙을 겪게 했다. 그러나 누구를 탓할 일도 아니고, 누구에게 책임을 전가할 일도 아니다. 우리 모두가 지구환경을 파괴한 주범이라는 비난에서 자유로울 수 없다.

한 치 앞을 내다보지 못하는 근시안적 안목과 우매함으로 파괴된 것은 산과 들, 강과 자연경관만이 아니다. 눈으로 확인할 수 있는 것만이 아니라, 그 실상이 나타나지 않아 관심의 범주에 들지 않은 것까지 썩은 속내를 드러내어 생존의 근거마저 흔들리게 한다.

우리의 현실은 관념적이고 추상적인 복원의 필요성을 이해하고, 추진하는 것으로 그쳐서는 안 된다. 요즘은 제비가 날아와 살 집을 짓지 못하고, 나비를 찾아볼 수 없다. 그것은 꽃에 향기가 없거나 그들이 빚어 만든 꿀이 없기 때문이 아니다. 그들이 살아갈 수 있는 생존조건이 파괴되었기 때문이다. 얼마나 가공하고 무서운 현실인가. 그 다음에 사라질 대상은 무엇일까. 인류의 모습을 감춘 지구는 어떻게 될까.

자연을 지키는 것은 우리를, 우리의 생존을 지키는 일이다.

그것은 무력으로 해결할 수 있는 일이 아니다. 피켓을 들고 구호를 외치는 것과 같은 결의의 표명을 통해 자연自然이 살아나는 것도 아니다.

제비는 다시 날아와야 하고, 나비는 하늘거리는 모습을 우리에게 보여주어야만 한다. 우리가 그들과 함께 살 수 있도록 환경이 조성되어야 한다. 제비와 나비만이 아니다. 꽃도 제정신이 아니다. 가을꽃으로 알고 있던 코스모스가 봄의 거리를 메우고, 보이지 않던 변종變種이 나타나 우리를 혼란케 한다. 이런 현상은 뭍에서만 아니라 물가에서도 볼 수 있으며, 깊은 산속에서나 하늘을 나는 새나 벌레를 통해서도 만날 수 있다.

흔히 꽃을 여자로, 남자는 쾌락적인 삶을 영위하는 나비에 비유하곤 한다. 이 말은 낭만적으로 해석한 말이다. 그것은 사랑의 주체들이다. 도처에 사랑이 아닌 것이 없다. 모든 생명체는 어떠한 형태로든 사랑 없이는 한 순간도 살 수 없는 존재다. 꽃을 번식시키는 것은 나비가 있기 때문이며, 나비도 꽃이 있기에 생존의 힘을 얻을 수 있다. 그들에게 있어서 사랑은 절실한 생존의 방법이다.

생에 있어서 사랑은 아름답게 전개되는 것만은 아니다. 사랑의 고통을 경험하지 못한 사람은 큰 아픔을 모른다. 고통보다 더 큰 것이 그 안에 있기 때문에 찾아 헤매고, 그 굴레 속으로 스스로 걸어가는 것이다. 꽃과 나비에게도 사랑은 필요하다. 그것이 남긴 상처가 크다고 해도 주저하지 않고 사랑의 올가미에 묶이고 싶어 하는 것은 통증의 치유책으로 이보다 좋은 것은 없다.

사랑은 힘을, 무한한 힘을 보유한다. 시들시들 죽어가던 풀잎에 거름을 주면 생기를 되찾는 것은 거름이 사랑과 같은 존재이고, 행복을 만드는 묘약이기 때문이다.

유치환은 "사랑하는 것은/ 사랑을 받느니보다 행복하나니라"고 했다. 혼자만의 일방적인 사랑도 있으나, 사랑의 늪 안에 주는 사랑이 있고, 받는 사랑이 따로 있다. 사랑은 서로가 함께 공유하는 것이다.

사랑을 주는 것만으로 만족하는 사람이면 그는 범상한 사람이 아니다. 서로 주고받아야 인간의 사랑인 것은 불변의 논리다. 꽃과 나비의 경우처럼…. 사랑은 영원불변한 것은 아니다. 그것은 변화난측變化難測하다. 사랑을 주제로 한 작품의 대부분이 비극으로 끝나는 것은 이 때문이다. 누구든 나비처럼 다른 꽃으로 옮겨 앉을 수 있다.

흔히 꽃은 여자로, 남자는 그를 상대로 하여 쾌락적인 삶을 영위하는 나비에 비유한 것은 잘못된 생각일까. 여자니 남자니 하는 행위의 주체는 가변적일 수 있다.

세상의 모든 일은, 그 의미는 사랑과 무관하지 않다. 그것이 지속적으로 유지되느냐 하는 것이 관건일 뿐, 의욕은 다른 모습이다. 가시적인 형상물에 비유하면 서로 열병을 앓을 때는 불이고, 시들 때는 얼음이다. 얼음에 불을 가하면 얼음은 이내 물이 된다. 정도에 따라 물만큼의 열기를 가진 뜨거움을 보유할 수도 있다.

토막 난 추억이 등을 밝히고 온다.
사랑이여, 너로 인해 환멸을 배웠다.
유리창에 스쳐가고
문이 열린다.
세월에 등 떠밀려
굽은 어깨들 밀려오고 밀려가고
빛나던 네 눈동자
없다.

다시 시작할 수 없을까.
꽃 피는 마음이 몸을 디민다.

정종목의 시 〈사랑의 역사〉다.

시들던 사랑에게 다시 애틋한 정감을 갖는다. 사랑의 회복을 시도하는 것이다. 연륜의 힘이다. 나비는 무수히 많은 꽃을 전전하지만, 어쩔 수 없이 한 꽃에 마음을 기울일 수밖에 없는 것임을 시인의 생각을 통해 감지할 수 있다.

나비가 우리의 곁으로 날아와 꽃에만 아니라 우리에게 새로운 의욕의 불을 당겨주어야 한다.

돌담 쌓는 지혜

그리운 것은 먼 곳에 존재한다.

도시에 있으면서 자연을 꿈꾸고 정글에서 문명을 동경한다. 어느 한 곳에 머물 수 없는 운수행각의 습관은 현대인 모두의 회귀본능이다.

코발트블루의 바다 - 사철의 바람이 이야기를 전하는 곳, 삼다삼무의 섬나라 제주는 고향이 아니어도 고향처럼 푸근하게 마음을 안정시켜 주는 곳이다.

47년 전 1960년 8월, 처음으로 제주도에 가게 되었다. 평소 친분이 두터운 지인들과 한라산 등반을 계획했다.

서울 역에서 기차를 타고 목포까지 가는데 11시간이 걸리던 시절이다. 여객선에서 밤을 새우고 다음날 새벽녘에야 닿을 수 있는 제주는 지리적으로 먼 곳이었지만, 심정적으로도 머나면 절해고도와 다름없다.

뱃멀미 후유증으로 온몸이 지쳐 있었으나 아침을 먹기 위해 식당에 들어갔다. 무심코 화장실에 갔다가 난데없이 까만 돼지가 튀어나와 혼비백산하던 일이 추억의 페이지로 남고 있다. 당시 '통시'라고 하는 자연화장실을 처음 보게 된 일행들은 제주에 있는 동안 내내 복통의 고통을 감수해야 했다.

제주시외버스 터미널에서 버스를 타고 성판악에 도착하자마자 시작된 산길은, 문명의 손길이 전혀 닿지 않은 미답의 처녀지다.

한라산은 지리부도에 나오는 고동색 등고선이다. 1950미터나 되는 - 남한에서 가장 높은 산이라는 지식 이외에는, 등정登頂은 상상조차 할 수 없던 고행 길이다.

고행을 감수하지 않으면 정상의 기쁨을 누릴 수 없다.

길은 길을 만들며 지나가는 사람이 있고, 이미 만들어 놓은 길을 따라 가는 사람이 있다. 누구나 새로 길을 만들며 갈 수는 있지만, 아무나 그 길을 따르려 하지는 않는다.

지금도 다를 바 없지만, 40년 전 한라산 등반은 한발 한발이 정글의 밀림을 헤쳐 나가듯 조심스럽다. 비경秘境에 드는 길은 험난하고, 돌무더기와 자갈이 복병처럼 길을 막았고, 길목마다 무리지어 핀 야생화는 나그네의 눈길을 붙잡아 행로를 따라잡기 힘들게 한다. 구상나무 활엽수은 햇빛이 스며들지 못하도록 큰 키로 하늘을 막아 우산을 만들어, 그 사이로 언뜻 비쳤다 사라지는 짙푸른 바다는 몽환 같은 꿈길이다.

목표가 있는 사람은 서둘지 않는다.

제주도에서 보낸 열흘은 도심에서 찌들어 말라가는 가슴을 시원하게 하고, 허리를 곧추 펴며 삶의 대열에 끼어들어 힘차게 걸어갈 수 있도록 생명력을 불어넣는다. 시간이 멈춘 듯한 그 섬은 억센 바람에도 쓰러지지 않는 제주사람들의 생활력처럼, 느리지만 힘 있게 공손한 자세로 세상 사는 법을 배우게 한다.

제주도는 육지와 멀리 떨어져 있어 고유의 전설을 간직한 신비의 터전이다. 기후에 따라 일상이 변화하는 삶 속에서도 그들에게 힘을 불어 넣어주는 것은, 신화와 전설이 주는 힘이다. '설문대할망'이 치마로 흙을 날라 와 섬을 만들었다는 전설이며, 일곱 번 떠다 쌓은 것이 한라산이라는 전설 - 제주의 모든 것은 이처럼 여성의 힘이 원천이다.

집안일 바깥일 구분하지 않고 살아온 할머니와 어머니 — 허벅으로 물을 길어 나르며 밥을 짓고, 테왁 하나에 몸을 의지해 물질을 하며 만경창파를 헤집던 그 숨비소리는, 제주도를 일궈낸 천연의 산물이다.

한줄기 바람에도 희비가 엇갈리는 제주도는 "영등할망 청치매 입고 들어오면 날 좋다."는 속담이 제격이다. 푸른 바다를 할머니의 치마폭이라 묘사할 줄 아는 제주사람의 소박함과 배포 큰 농담은, 돌 천지인 자갈밭에 채소를 심고 귤나무를 키워

나가며 살림을 일군다.

제주에서 가장 매력 있는 것은 밭과 밭의 경계에 쌓아놓은 '외담'이다.

크기와 모양에 관계없이 외줄로 쌓아 올려 한쪽 끝에서 흔들게 되면 담 전체가 와르르 무너지도록 되어 있다. 바람이 많은 곳에서는 바람이 잘 지나다닐 수 있는 통로를 만들어 줘야 안전하다.

사람 사이에도 경계를 두지 않으면 그 관계가 무너지기 쉽다.

강한 것 앞에서 버틸 수 있는 것은 유연함이다. 그래서인지 현무암으로 이루어진 제주 돌멩이는 무게도 가볍고 구멍도 숭숭 뚫려있다. 일 년에 수십 차례 겪는 태풍에도 견딜 수 있는 까만 돌의 저력은, 강한 것에 맞서지 않고 대처하는 지혜를 터득했기 때문이다.

연전에 세미나가 있어 제주도를 찾았다.

김포공항에서 출발해 50분 만에 제주공항에 도착, 국제공항으로 변모한 제주공항은 이착륙하는 국내외의 비행기들로 시장통을 방불케 한다. 활력이 넘치는 표정으로 손님을 맞는 제주사람들도 저마다 관광안내원이고 전도사역을 자처한다.

열대야자수와 구실잣밤나무를 적절하게 심어 가꾼 도로는 어느 외국의 휴양지와 비교해도 손색이 없을 만큼 국제 휴양도시의 면모를 갖추었다. 어디를 가더라도 단아하게 정돈된 모습은, 자연과 인공이 함께 어우러져 멋진 조화를 연출한다.

나는 47년 전, 비포장도로를 달리던 그 시절을 추억하며 새로 단장한 해안도로를 달렸다. 시내를 벗어나 민속촌 마을로 접어드니, 군데군데 제주 특유의 초가집 - 띠풀로 엮어 바둑판 모양으로 얽은 일자집이 전통을 재현하려고 완만한 곡선을 그린다.

제주도는 이제 지구촌 속의 거대한 명지名地다.

제주도를 환상의 섬으로 버티게 하는 힘은, 전통과 새로움을 조화롭게 연출할 줄 아는 제주사람들의 '제주사랑' 정신이다. 올레에 통나무 한 개 걸쳐 놓아 정낭을 만들고, 그 자체로 대문을 대신하던 그 여유로움, 담을 높이 쌓는 대신 외부와의 자연스런 경계로 '올레'를 만든 푸근한 마음이 오늘의 제주를 일군 지혜다.

그리운 것은 먼 곳에 존재한다.

먼 곳에 있음으로 해서 그리움을 그리움으로 남게 한다.

가슴 속의 바람을 안고 사는 사람에겐 - 제주 땅의 짙푸름은 생명이 있는 약속의 땅이기 때문일까.

여름

여름의 문턱에 선 우리는 인내와 기다림으로 무장되어 있다.

살아있는 모든 것이 자연을 배경으로 모습을 드러낸다. 검푸른 바다와 우거진 숲, 깊숙한 곳까지 몰려드는 바람 - 모든 것들이 어우러진 호흡으로 모습을 드러낸다. 아무도 저들을 낯설어하지 않는 것은 그들이 지닌 체온 때문이다. 그것은 진통을 의미하기도 한다. 결실을 준비하는 철두철미한 항쟁, 응결의 몸부림이기도 하다.

세상의 어느 것도 우연히 이루어지는 것은 없다. 땀 흘림이 있어야 하고, 철저하리만큼 내적 응결이 있어야 한다.

삶은 산에 오르는 일에 비유할 수 있다. 산 밑에서 둘레를 보면 그 주위엔 온갖 사물들이 산재되어 있다. 바위와 꽃, 지저분한 것들까지 흩어져 있다. 산을 오르다보면 경사가 지닌 가파름 때문에 힘겨워진다. 그 가파름은 한여름의 땡볕으로도 비유될 수 있다.

그곳이 힘겹고 어려운 등정登程이라 해도 그곳을 거치지 않고는 산에 오를 수 없다. 그 힘겨움 때문에 등정의 가치가 있는지도 모른다. 산의 정상에 서면 그 과정이 빚어냈던 힘겨움은 깨끗이 사라지게 된다. 그 과정으로 해서 가치 있는 자신의 위치를 자랑스럽게 생각할 수 있다.

여름은 풍요로움을 의미하며 고통을 뜻하기도 한다. 여기서의 고통이란 비약을 위한 가치창조를 의미하는 말이다.

우리는 풍요로움 속에 모든 행복이 들어 있다고 생각하기 쉽다. 풍요로움이 행복은 아니다. 가치 있는 것을 창조하는 일만큼 벅찬 행복은 드물다. 고통이 숨어있는 기나긴 날들의 행렬 끝에서 일구어낸 창조, 그 푸름을 위해 무더위와 싸우는지도 모른다.

이 여름에 바캉스니 피서니 하는 낭만적인 단어들이 넘실대는 파도처럼 범람하나, 그보다 중요한 것은 의미 있는 삶의 창조다. 부질없는 것으로부터 자신을 이격시키는 지혜를 이 여름에 배워야 한다. 모든 것들이 삶에 활력소가 된다는 사실을 모르는 것은 아니지만, 그것 때문에 살고 있는 것과 같은 인상은 배제되어야 한다.

여름은 권태의 늪에 빠지기 쉬운 계절이다. 시끄러운 도시의 법석에 등을 돌리고 싶어진다. 태양의 열기에 이름 모를 반항이 움트고, 숨 막힐 듯한 거리에 운집한 모든 것에서 해방을 꿈꾸기도 한다. 그들로부터 벗어나고픈 심리가 정체(停滯)를 몰고 온다.

한적한 어촌에 민박을 정하고, 며칠 동안 몸과 마음을 쉬며 도시생활에서 찌든 것을 세척해 볼 수 있는 것도 이때다. 우리에게 가장 소중한 것은 무엇일까. 남에게 보여지는 것만이 우리가 지닌 실체는 아니다. 오히려 형용되지 않는 부분에 더 많은 우리의 모습이 서려 있다.

여름은 모든 것과의 만남의 계절이다. 그것은 성숙을 위한 열망이고, 크게 떨쳐나기 위한 웅크림이다.

태양의 순수성은 뜨거움에 있다.

눈부신 불을 질러대는 광휘 앞에서 순수를 배운다. 순수는 곁눈질하거나 망설이지 않는 마음을 담고 있다.

불타는 열정, 불타는 학문, 불타는 실험은 새 세계를 열어가는 힘이다. 우리는 여름이 내지르는 빛의 한가운데서 물러날 수 없는 기개를 키워가야 한다.

비상의 나래를 펴라.

이 무더움 속에 더 뜨거운 불살로 이글거려 보라. 여름이 우리를 덥히기 전에, 우리가 여름을 열망으로 채워보자.

이제, 우리를 둘러싼 모든 것이 성숙의 대지에서 자신의 모습을 선보이고 있다. 여름의 주인인 우리가 그들과 만나는 일만 남아있다. 이 계절이 그냥 스치고 지나는 바람줄기로 남지 않기 위해서는 무엇을 해야 할까.

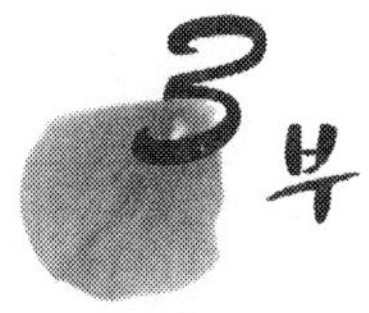
3부

사랑한 것이 죄라면

바람이 분다.

단풍이 산야를 붉게 물들이고 있다.

바바리코트 깃을 세우고 한적한 길을 걷고 싶다.

산야의 단풍은 열정적인 사랑을 마무리하고 내일 스러져 흙으로 돌아갈 운명인 줄 알면서도, 색색의 모습으로 불타는 생명력은 혼신을 다해 마지막을 창연하게 장식한다.

내가 수필에 바치는 열정도 값으로 매길 수 없는 지고지순의 사랑이다.

사랑은 상대에게 바라는 것이 아니라 아낌없이 주고 싶은 마음이다. 수필을 알고 그 품에 들어가 가없는 사랑을 바치기로 결심한 것이 50여 년의 세월이지만, 그 사랑은 빛을 잃지 않는다.

세월에 비례해 퇴색되는 것은 사랑이 아니다. 진중한 마음을 뿌리처럼 한가운데 두고 그 표현의 방법에서 다각도로 새로움을 모색하며 변화를 추구한다. 옷을 바꾸어 입는다고 사람이 달라지는 것은 아니다. 수필에 대한 나의 사랑은 이처럼 철따라 색감과 두께를 달리하는 - 사랑의 표현방식이다.

서초동의 내 방에는 15년의 연륜이 밴 ≪수필학≫ 15집과 16년 동안 발간한 ≪현대수필≫ 67호가 쌓여 있다. 이 책에서 풍기는 향기는 어떤 여인의 향기보다 더 진하게 묻어난다.

내 문학은 사랑에서 출발하여 사랑으로 완성하고 싶다.

수필학을 비매품으로 발간하는 고집, ≪현대수필≫을 정도正道의 잡지로 자리매김하고 싶은 마음도 사랑하는 대상에 바치는 헌사獻詞다. 대가를 바라고 하는 일은 한계에 부딪히지만, 좋아서 몰두하는 일에는 저절로 신명이 난다.

씨를 뿌리는 사람은 열매의 달콤함을 좇아가지 않는다. 오로지 쟁기를 매고 밭을 갈 뿐이다. 비우게 되면 다른 것이 더 많이 들어차는 '비움의 미학'을 종심에 이르러서 깨닫는다. 수필에 대해서는 더더욱 그렇다.

세상을 살면서 나에게 죄가 있다면 '사랑'한 죄목이다.

그 죄목이 중하고 죗값을 치른다고 해도, 그 사랑, 갈수록 저 산야를 처연하게 물들이는 단풍을 닮았다.

연리지連理枝

사람이나 사물은 있어야 할 자리에 있을 때 돋보인다.

심심산중에서 자라나는 나무들도 저희끼리 어울려 햇빛을 나누어 받으며 자랄 때 아름답다.

길가에 서 있는 가로수도 때맞춰 머리를 깎이며 잘려나가지만, 계절이 바뀌면 어김없이 줄기를 늘이고 이파리를 키우며 도심의 산소 역할을 한다.

사람도 숲 속 나무처럼 부대끼며 자라난 심성은 남과 더불어 살아갈 줄 아는 배려를 배운다. 그러나 정갈한 정원에서 자라난 나무는 손길 따라 꽃을 피우고 열매를 맺지만, 강인한 생명력을 타고나지 못해 주위의 보살핌을 받아야 하는 경우가 있다.

가로수를 심을 때는 똑같은 수종을 일정한 간격으로 심지만, 정원을 가꿀 때는 기화요초琪花瑤草를 어울리게 심어 함께 즐긴다.

한여름 장마가 한바탕 지나고 나면 녹음은 더 울울해지고 매미소리가 귓전을 울린다. 나무가 클수록 그늘이 짙게 되고 새들도 많이 날아와 앉는다.

매주 수요일마다 지나는 길가에는 훤칠하게 자란 메타세콰이어가 열병하는 병사들처럼 줄맞춰 키를 높이고 둘레를 넓혀 간다. 그 나무들이 처음 심겨지던 때부터 드나들었으니, 10년 가까운 세월 동안 나무들은 제법 많이 자라 삭막한 도시를 녹색 해방구로 만들어 보는 사람의 눈을 즐겁게 한다.

나무도 혼자 서 있을 때는 돋보이지 않는 것처럼 사람은 여럿이 섞여 있을 때 존재가치를 드러낸다. 돌덩이를 그대로 두면 천 년이 지나도 돌덩이로 남지만, 부박한 원석이라도 석공의 정을 맞으며 정교한 조탁彫琢의 과정을 거치게 되면, 영원불멸의 예술품으로 추앙받는 것과 같은 이치다.

인간은 하나하나를 보면 모두가 뛰어나나 가끔은 반죽이 잘 되지 않은 가루처럼 흩어질 때가 없지 않다. 나와는 다른 것을 인정하지 않아 남의 이면만 보게 되니, 진실은 언제나 베일에 가려지고 가려진 진실은 힘을 얻지 못한다.

슈퍼스타를 키우지 않는 사회풍조는 제자를 키우지 않는 풍토와 같다.

스승을 뛰어넘는 제자를 인정하지 않는 경향은 문학뿐 아니라, 학계 전반과 사회 전체에 만연되어 있다. 뜻을 거스르는 것을 금기로 여기며 튀는 것을 원하지 않기에 똑같은 모양의 가로수만 늘어간다.

빵을 만들려면 밀가루에 물을 섞어 반죽을 만들어야 하듯, 지금은 흩어지는 가루를 엉기게 만드는 물의 역할이 소중한 때다. 토끼는 겨드랑이를 잡으면 안고 갈 수 있으나, 사람은 마음을 잡지 않고서는 동행할 수 없다.

안에만 있으면 내 집의 소중함을 알지 못하게 된다.

울타리 속에서 키우는 닭과 야생으로 방목하는 닭은 성정과 그 맛이 다르다. 맹수도 가둬서 사육하게 되면 야성이 사라지는 것처럼 늘 자기 이야기, 자기 안에만 안주하게 되면 몸집만 크게 되어 육질이 퍽퍽해 맛없는 고기가 된다.

역사는 승자의 기록이다.

승자는 과거까지 미화시킨다. 힘이 정의로 통하는 사회에서 역신이 충신이 되고, 간신이 충신의 위치로 뒤바뀌는 시대다.

잘못된 역사일수록 한풀이를 되풀이하며 안을 수습하기에 급급해 밖을 살필 겨를이 없다. 부엌에서 사용하는 칼도 잘 쓰면 음식을 만들기 위한 유용한 도구가 되지만 잘못 쓰면 흉기가 되듯, 한恨도 오래 품고 있으면 병이 된다.

충남 보령에서 배를 타고 한 시간 정도 들어가면 그 섬에는 동백나무 두 그루가 하나의 몸으로 거듭나 연리지로 살아간다.

연리지 사이를 걸어가게 되면 사랑이 이루어진다고 하여 일명 '사랑나무'라고도 부른다. 뿌리가 다른 두 그루 나뭇가지끼리 서로 맞붙어 하나의 나무 결로 이어진 나무를 말한다. 이 나무는 사람들이 접을 붙여놓은 것이 아니기에, 기형인 상태로 햇볕을 쬐고 서로 의지하고 물을 마시며 이 순간도 성장하고 있다.

연리지를 억지로 분리하면 모두가 시들어 죽게 된다.

사람의 관계도 서로 거리를 두고 있어야 좋은 관계가 있고, 맞붙어 머리를 자아내어야 상승의 에너지를 발산하는 윈-윈(win-win)의 관계가 있다. 서로가 서로를 바라만 보아도 힘이 되어주는 관계-그 역할은 혼자서는 불가능하기에 소중한 관계가 아닐 수 없다.

격려와 칭찬은 말 못하는 나무에게도 생명력을 불어 넣을 수 있다.

상대방의 결점을 다독여주고 좋은 점을 세워주게 되면 자신이 위축되는 입장이 아니라, 함께 성장할 수 있음을 연리지를 통해서 깨닫게 된다. 사물을 보며 사람의 이치를 깨닫게 되고 사람의 일을 보며 천지를 가늠하게 된다.

아름드리나무도 씨앗 하나에서 발아發芽하고, 천불천탑千佛千塔도 하나의 돌멩이로 시작되는 것처럼, 사람과의 관계도 작은 믿음과 신뢰가 쌓일 때 아름다운 울타리를 만들 수 있다. 장마에 무너지는 둑이 작은 구멍에서 새는 물살 때문이라는 말이 있듯이, 기초공사가 부실한 고층건물은 약한 진동에도 견디지 못해 쓰러진다.

가로수처럼 획일적인 것은 믿음직하지만 시선을 끌진 못한다.

들판의 나무처럼 서로를 가리지 않고 물과 햇빛을 나누어 먹으며 자신의 독특한 향미를 만들어 갈 때, 그 과정에서 진정한 평화를 느끼게 된다.

나무는 말이 없지만 많은 말을 생각하게 한다. 바람 사이를 스쳐 지나며 못다 한 말을 쏟아낸다.

말의 성찬이 이파리 하나하나에 매달린다.

말의 파장은 빛보다 더 멀리, 빛보다 더 빠르게 뻗어 나가고 있다. 하지만 나무들은 그 사이로 바람을 내보내며 햇빛을 흡수할 뿐 아무런 원망이 없다.

말을 하지 못해 외롭고 말을 많이 해서 고독할 때, 나무들이 서로 의지하며 살아가는 그 섬으로 여행을 떠나고 싶다.

바람의 실체

오늘도 바람이 분다.

바람은 어제의 길을 지나 내일로 향하고 있다.

'어차피 산다는 일의 8할은 바람이 아니겠느냐'고 반문하던 어느 시인의 말이 생각난다. 어떻게 생각하면 가슴 한쪽이 밀려나가는 것 같기도 하고, 곰곰이 생각하면 그런 대로 위안이 되기도 하는 말이다.

뒤척이며 살아가는 삶의 주위엔 언제나 바람이 모인다. 여기서의 바람은 새로운 모색과 공연한 치기일 수도 있으며 허황한 기대일 수도 있다. 그것이 제3자의 눈에 어떻게 보일까는 생각지 않아도 좋다. 그것이 바람의 속성이다. 바람은 이 세상 도처에 가득하지만, 우리의 공간을 비좁게 만들지는 않는다. 또 바람은 누구의 눈에도 보이지 않지만 아무도 바람의 존재를 의심하지 않는다.

바람은 때로 처절한 결과를 몰고 오는 악마의 속성을 지니고 있으나, 부드러운 손길로 피로에 지친 가슴에 위안을 안겨주기도 하고, 죄악으로 인식되어 파란을 일으키기도 하며, 생활에 지쳐 있는 사람에게 싱그러움을 안겨주기도 한다.

바람은 양면성을 지니고 있다.

이것은 삶의 모습과도 같다. 사람들은 저마다 자기 모습대로 세상을 살아간다. 삶의 모습이 어떠한 형태이든 우리가 이 세상의 주민住民으로 인정받을 수 있는 것은 1회뿐이며, 수정하거나 지워버릴 수 없다. 자신 이외의 어느 누구에게도 쏟아낼 수 없고 위로 받을 수 없는 것을 사람들은 바람에게 이야기할 수 있고, 어떤 사람은 자신을 바람이라고까지 생각한다.

바람은 잠재워져 있던 가슴으로 스며들어 사유思惟의 뿌리를 흔들다가, 어찌할 수 없는 절박함에 되살아나기도 한다.

오늘은 바람이 불고
나의 마음은 울고 있다
일찍이 너와 거닐고 바라보던
그 하늘 아래 거리언마는
아무리 찾으려도 없는 얼굴이여

바람센 오늘은 더욱더 그리워
진종일 헛되이 나의 마음은
공중의 깃발처럼 울고만 있나니
오오 너는 어디메 꽃같이 숨었느뇨

청마青馬는 바람을 닮아 한평생 바람으로 떠돌다 간 시인임을 이 시를 통해 알 수 있다.

그의 가슴에 가득 채워졌던 무수한 이야기들, 그것은 빛깔을 지닌 것이었으나 항상 빈 껍질처럼 만져지지 않는 것이었고 부서지지 않는 것이었다. 막연히 우리 가슴 한켠을 맴돌고 일어서 휑하니 떠나는 안타까움이었는지도 모른다. 그는 한평생을 안타까움 속에서 살다 갔기에 삶 자체가 바람이었다. 바람은 이처럼 처절한 안타까움이며 인위적으로는 피할 수 없는 운명의 실체다.

바람이 전하고 있는 무수한 이야기에 귀 기울이다 보면 산다는 일이 그렇게 소중할 수 없음을 확인하게 된다. 그 소중함이란 의욕과 그리움일 수도 있고 아픔일 수도 있다. 떠도는 바람의 체온에서 자신의 온기를 확인할 수 있을 때, 우리는 진짜 바람과 마주하게 된다.

바람, 그것은 간절한 기다림이다.

가슴 한복판을 밀치고 일어서는 바람은 기다림이다. 사람들은 각기 기다림으로 위로받기도 하고 좌절하기도 한다.

기다림은 기다림으로 족하다. 기다림이 이루어지든, 기다림으로 끝나는 것이든 기다리는 사람에겐 그 자체가 중요하다. 기다리는 대상의 현신現身을 바라는 일은 큰 아픔이다. 바람의 몸속에 내재한 언어에는 그런 의미가 서려 있다.

바람은 자아성찰自我省察을 강요한다. 삭풍에 쓸려가는 나뭇잎처럼 우리 가슴에 내재한 고통을 바람은 휘몰아낸다.

인간의 완성은 첨가가 아닌 삭제에 의해서 이루어진다.

하나하나 붙여가며 이루려는 것은 욕심이다. 소중한 것을 하나하나 잘라버리면서 우리는 자신을 발견하는 법을 배워야 한다. 가지치기는 그 나무를 죽이는 작업이 아니고 살리기 위한 일이다.

바람은 우리에게 그 같은 이야기를 전하고 싶어 한다. 우리는 바람의 가슴에 귀를 대고 그의 소망을 들어주어야 한다.

바람은 신神이 인간에게 전하는 메시지일 수도 있고, 자신을 위로하기 위한 어루만짐일 수도 있다. 그것은 기다림이고 체념일 수도 있다. 쓸어내는 바람도 있고 몰려와 자리를 정하는 바람도 있다. 바람의 신神 보레아스는 그런 능력의 현신이다.

바람은 떠남이다.

머무는 곳마다 뿌리를 내리다 멀리 달아나버리는 것이 바람의 실체다. 자취도 남기지 않고 사라져버리는 것이 바람이다. 바람이 떠나간 자리를 바라보며 우리는 바람의 실체를 다시 한 번 확인하게 된다. 빈자리에서 그 존재가 더 선명해지는 바람, 아무도 바람이 가는 길을 막으려 하지 않는다. 그저 바라보며 느끼고 무상함을 절감하게 될 뿐이다.

우리는 모두 떠나며 시작한다. 사람들은 각기 떠남에 익숙해져 있다. 이러한 일을 되풀이하면서 사람들은 처절하게 아파하지만, 반복하는 가운데 그 아픔도 떠나게 된다. 사람들은 8할의 바람을 안고 살아간다. 8할의 바람과 2할의 확신, 그 2할의 확신, 그러나 2할의 확신 그 자체도 반은 바람이다.

우리는 한평생 바람을 안고 살아간다. 우리의 뿌리는 바람 속에 있지만 가볍게 포기하지 않고 사는 것도 바람 때문이다. 바람은 선명한 인간의 모습이며 인간 그 자체다. 바람은 눈에 보이지 않으나 견고한 확신이며, 지구에 가득하지만 그 실체와 한번도 대면해 본 적이 없는 묘연한 모습이다. 바람은 우리가 희구하는 가장 완전한 자유의 모습이다.

오늘도 바람이 분다.

바람은 어제의 길을 지나 내일로 향하고 있다.

여백餘白의 미학

종이 위에 글씨를 쓰거나 그림을 그리고 남은 자리를 '여백餘白'이라 하고, '공란' 또는 '공백空白'이라고도 한다. '여백을 남기다' '여백이 생기다'가 그 구체적인 예다. 애초부터 '공백'을 말하는 것이 아니다.

우리는 그동안 여백을 채우려 급급해 왔다. '여백'은 채워지지 못한 일면, '무능' '부실함' 또는 '가난'이라고 여겨 이를 부끄럽게 생각하고 채우려 애를 써왔다. 여백은 여백의 가치를 아는 사람에겐 더없이 아름답게 보여 그 가치를 발견 - 상승케 하지만, 그렇지 않은 사람의 눈엔 채워지지 않은 일면으로밖에 보이지 않는다.

사람의 눈은 그 안목에 따라 보는 영역의 범위나 수준이 달라진다.

보여서 오히려 추한 것이 있고, 보이지 않아도 가득 차 있어 화려하게 보이는 것이 있다. '여백餘白의 미학美學'이란, 후자의 예에 포함된다. 서양화와 한국화를 단적으로 구별하는 요건이기도 한, 이 여백이 이를 입증하는 예다.

여백은 아무것도 없는 '무無'의 공간이 아니다. 애초부터 없는 것은 여백이라고 볼 수 없다. 여백이 있음으로 해서 채워진 것보다 더 큰 아름다움이 만들어져야만, 그것이 여백일 수 있다. 그 둘이 서로로 인해 빛나는 것이니 어느 것이 주인이고, 어느 것이 '객客'이라고 할 수 없다. 둘이 다 주인이라고 보는 것이 옳다. 어우러짐의 실체들은 아름답기 때문이다.

글이나 그림에서도 그렇지만, 여백이 정작 필요한 것은 사람 사이의 관계에서다. 각자의 양보심이 진실한 관계 구축의 절대적 요건이라서 그렇다. 서로를 빛나게 해줄 수 있는 절대적 요건이다.

사람 사이의 관계가 갈수록 더 각박해지는 것은 여백의 미를 지켜나가는 마음의 여유를 잃고 있어서다. 정치와 경제도 예외가 아니며, 사회 문화의 경우도 마찬가지다. 여당과 야당이 날카롭게 부딪치며 대치하는 모습도 대의大義를 위한 정상적 대립이 아닌, 국민의 목을 죄는 추태로밖에 보이지 않는 것은 여백이 없어서다.

소수점 몇 자리 아래까지 계산해내며 순위를 정하고 있는 주식 시세, 경제 동향에서 위로와 인식을 느낄 수 없는 것도 여백이 눈에 보이지 않아서 그렇다.

그 외의 어떤 경우도 결과는 모두 같다.

여백이 있는 풍경은 아름다울 수밖에 없고, 여백이 있는 사람은 향기가 난다. 빈틈없이 매사에 완벽한 사람에게선 정이 자리할 틈이 없다. 채우려 하지 말고, 빈틈을 보여주는 것과 같은 여유를 가지려고 애를 쓸 필요가 있다. 텅 비어 있는 듯한 부분이 채워진 부분을 살찌워 매력이 될 수 있다.

자만심이나 욕심 - 버려야 할 것들을 버린 모습이 아름다운 여백의 실체가 될 수 있다.

이제, 우리도 처절할 정도의 각박한 상황을 벗어난 만큼, 좀 더 여유를 가질 필요가 있다. 여기서 말하는 '여유를 가질 필요'라고 하는 것은 '흥청거림'을 말하는 것이 아니다. 여백을 갖춰야 할 것의 필요충분조건으로 여겨서 적절히 조화를 이루자는 것이다. 특히 작가는 도전해야 할 덕목 중에 하나인 만큼 소홀히 취급하지 않아야 한다.

자연스러운 비움은 진정한 자유의 다른 표현이기도 하다.

이를 도가道家에서는 '무위자연無爲自然'이라는 말로 함축하고 있다. 이는 인위적으로 꾸미거나 억지로 가공하지 않고, '자연'의 성질이나 모습을 지켜가는 것을 의미한다.

그를 실천하는 방법을 다투지 않고不爭, 소유 - 집착하려 하지 않으며不恃, 탐내지 않는 것無慾이다. 인위적으로 꾸미거나 억지로 가공하지 않고, '자연'의 성질이나 모습을 지키는 것,

또는 그를 위한 성찰의 방법이 '무위자연의 도'이다.

생멸 없는 즐거움은 영혼을 살찌게 한다. 멀리 보고 깊이 느낄 줄 안다면 그게 여백이다. 부족하여 채우지 못하는 것이 여백이 아니고, 넘치더라도 새로운 여지를 위해 마련해두는 것이 여백의 참 의미인 만큼 간과해서는 안 될 중요한 실천덕목이다. 이것은 그득히 채워진 자의 성찰에 따른 여유이고, 결코 인색함에 따른 가장假裝된 모습이 아니기 때문이다.

우리 문학작품의 질적 상승과 품위를 위해서도 여백의 기법은 연구되어야 할 과제 중의 하나다.

채워도 채워도 비어있는 게 마음이므로….

덤으로 얻어지는 행복

사랑의 힘은 위대하다.

어린아이의 눈망울을 바라보고 있으면 순진무구한 눈동자에 숭고한 기쁨이 충만해 온다. 아무런 계산 없이 주고 또 주어도, 주고 싶어지는 것이 아이를 바라보는 순수한 마음이다.

세상이 광속도로 변하고 있다.

사람들은 모두 자기만의 성채城砦에 갇혀 각각 쌓아 올린 담을 허물고 나오기를 두려워한다. 방안에 앉아 인터넷과 전화, 신문으로 관계를 유지하며 직접적인 대화나 접촉 없이 살아간다. 곁에 누가 없어도 편리한 기계들이 손길을 대신하니 불편함을 모른다.

텔레비전에서 신문을 대신 던져주고 버스에서는 노약자 대신 벨을 눌러주고, 신호가 빠른 건널목에서는 옆 사람을 부축해 건너는 모습을 본다.

남을 배려하는 시간이 하루에 2분만 있어도 사회가 따스해진다는 공익광고다.

사람은 혼자서는 살 수 없다.

끊임없이 타인과의 소통을 원하지만, 이미 단절될 대로 단절되어버린 인간관계는 원활한 소통을 불가능하게 한다. 혼자 노는 놀이에 익숙해 있으므로 혼자 생각하는 이론에 집착한다. 사방이 사각의 틀 안에 갇혀 있는 주거구조가 되면서, 그런 현상은 점점 심화되어 간다.

그럴 때 들판으로 나간다.

나를 막아서는 것이 없는 황량한 곳, 바람도 햇빛도 제멋대로 통과하고 나뭇가지와 풀잎 하나도 스스로 자란다. 남을 가리지 않는 들판에 서 보면 자연의 섭리가 얼마나 위대한가를 깨닫게 된다.

자유는 방임이 아니다.

내 생활의 제재를 감수해야 얻어지는 것이다. 타인의 숨결을 인정함으로써 더욱 가치 있는 것은 더불어 사는 사회에서 누리는 자유다. 옭아매는 것이 없는 자유는 자칫 방임과 방종으로 이어져 감당할 수 없는 해이解弛를 부른다.

교차로에 서서 어디로 갈 것인가를 결정하는 것은 각자의 몫인 것처럼, 지금 내가 서 있는 위치가 어디인지 점검해 볼 시간을 갖는다. 쭉 뻗은 길을 최고속도로 달려갈 수도 있고,

에돌아 구불거리는 골목길을 해찰하며 어슬렁거릴 수도 있다. 인생의 긴 여정에서 항상 한줄기로 뻗은 길만 고집하다 한번쯤은 뒷길, 돌아가는 길을 헤매보곤 한다.

내 삶에 끼어들지만 않는다면, 직접적인 폐해만 없다면, 쉽게 타인을 잊고 이웃을 잊으며 사는 현대인에게 골목길을 돌아 그 안에 사는 이웃을 돌아보는 일은 뛰어가기만 하는 달음박질에 한 모금 물처럼 청량한 기운을 준다. 내게 남는 시간과 물질, 지식을 남을 위해 조금이라도 쓸 수 있는 여유를 갖는 것 - 나눌수록 내 몫이 줄어드는 것이 아니라, 함께할수록 커지는 것이 사랑이다.

병든 노모를 모시고, 자신도 힘겹게 살아가는 중년의 아주머니는, 일주일이면 나흘을 자원봉사에 나선다고 한다. 할 줄 아는 것이 환자를 돌보고 씻기며 음식을 만드는 것이라서, 자신의 손을 필요로 하는 시설이나 집을 찾아가 몸을 아끼지 않고 땀을 흘린다.

그가 흘리는 땀에서는 헬스클럽에서 흘리는 땀과는 비교될 수 없게 진한 사람냄새가 풍겨난다. 모두가 겹겹이 쌓아올린 견고한 성 안에서 행복이라고 느끼는 나약한 심성을 가진 사람들에게, 등에서 식은땀이 나게 하는 일화다.

가진 것이 많아야 베풀 수 있는 것은 아니다.

베푸는 것보다는 내 가슴을 더 충만하게 채울 수 있는 일이 세상에는 많다. 몸이 불편해 신호등에서 주춤거리는 사람을 부축해 같이 건너는 것, 시간을 쪼개 무료급식소에서 커다란 주걱으로 밥을 퍼주는 것, 잔손길이 많이 필요한 병원에서 진료카드를 대신 써주고 소독용 거즈를 접으며, 몸과 맘이 불편한 삶의 이야기를 귀담아 들어 주는 것, 이러한 사랑은 많은 노력이 없이도 조금만 마음을 쓰면 할 수 있는 일이다. 사회로부터 받은 혜택을 조금이라도 다른 사람과 나누고자 하는 마음만 있다면, 그런 마음을 가진 사람들이 하나씩 늘어난다면 세상은 살 만하다고 본다.

아이의 눈망울을 바라볼 때, 솟구치는 사랑의 감정은 인간의 본성이다.

그 본성에 충실할 때 세상은 따뜻함으로 채워질 것이며, 그런 온기 가득한 세상에 작은 빛들이 모여 살맛나는 곳이 되어간다.

얼마 전, 정진석 추기경은 하루를 마감하는 저녁 때 산책을 한다고 했다. 해 저물 녘 산책길 묵상에서 제일 먼저 떠오르는 사람이 병든 이이고, 다음에는 마음을 다쳐 상처를 입은 이라고 했다.

추기경은 물질이 없어 고난에 빠진 사람을 위해 기도하는 '작은 별'이 되고 싶다고 했다. 그것도 큰 별이라고 말하기엔 "송구스러워서…."라며 말끝을 흐리는 성직자의 마음 - 그런 마음들이 모여 세상을 이루고 우주를 가꿔가는 것이 아닐까.

더불어 사는 세상의 새 패러다임은 호혜互惠다.

경제성의 원리를 내세우지 않더라도, 작은 시간을 상대를 위해 봉사하면, 자신에게도 가치로는 계산이 불가능해 그 자체로 인해 마음의 위로를 크게 받는다. 따지기 좋아하며 속셈으로 삶을 계산하는 사람들에게도 이문이 남는다.

그것은 단음절로 끊어지는 사회에서 화음으로 조화를 이루는 하모니처럼, 덤으로 받게 되는 행복이기 때문이다.

자연에서 만난 사람

자연은 끊임없이 흐른다.

잠시 일상의 공간을 벗어나 주변을 맴돌던 시선을 산이나 물가로 던져보면 막연히 생각했던 아름다움이란 어떤 것인가 확인하게 된다.

이 순간에는 삶의 아픔들, 세인世人의 관심이 집중된 일들이 한낱 부질없고 아득한 일로만 여겨져 홀가분해진다.

자연은 인간의 인위적人爲的 목적성이 개입되지 않은 순수한 상태의 존재, 그 자체를 말한다. 인간의 발길이 닿지 않고 훼손되지 않은 본연의 자체가 자연의 본령本領이다.

우리는 문명 일변도로, 오직 그것만이 인류의 복락福樂을 이룰 수 있는 유일한 길인 것처럼 믿고 정신없이 달려왔다. 이 세상에 존재하는 모든 가치는 영원한 것은 없기에 변증법적辨

證法的 궤도를 밟을 수밖에 없다.

인간은 영원히 자연의 품속을 떠날 수 없고, 또 떠나서 살 수도 없다. 자연은 생명을 가진 모든 것의 영원한 본향이다. 인간이 순수와 진실을 동경하는 것은 이 때문이다. 생명의 본향本鄕에 대한 끊임없는 향수, 그것이 자연과 인간의 인연이 만들어 놓은 보이지 않는 의미인지도 모른다.

누구에게나 고향은 순수하고 진실하다. 이 말은 자연은 영원히 순수하고 진실한 것이라는 말과 같다.

거친 문명의 폭풍이 우리에게 가르친 것이 있다면, 그것은 허위와 반역뿐이다. 인간은 이 문명의 거친 폭풍 속에서 다시 원래의 모습으로 돌아가기 위해 자연으로의 귀환을 도모해야 한다.

문명은 많은 편리를 제공하고, 그 혜택으로 우리가 얻어낸 결실도 적지 않다. 먼 거리를 짧은 시간 내에 도달할 수 있게 한 것도 문명이 이루어 놓은 편리의 방편이고, 자연 환경의 악조건 속에서 최소한의 어려운 생활을 유지할 수 있는 것도 문명의 혜택이다. 인간의 힘으로는 전혀 불가능한 일로 인식되던 것을 현실로 이루어낸 것도 문명의 결과다.

인간은 이 편리함에 매료되어 많은 것을 잃어버리거나 잊어버린 채 살고 있다. 우주의 질서와 같이 순리적으로 운행되어야 할 일들이 저마다의 욕망으로 방향을 잃고, 극에 달한 이기심으로 방황을 거듭하고 있는 것이 현실이다.

누가 알아주건 말건, 꽃이 피고 지듯, 자기가 가진 빛깔과 향기로 산야山野를 물들이듯 우리의 생활도 자연과 하나가 되어야 하는데, 현실은 그렇지 못하다. 우리의 생활이 건조하고 각박해진 이유는 자연의 내재적 의미에 귀 기울이지 않은 잘못 때문이다.

자연은 자연 그대로의 흐름이다.

물이 흘러가듯, 봄이 가면 여름이 그 자리에 들어서듯, 흐름을 멈추지 않는 것이 자연의 질서다. 자연은 인간의 무모함도 용서하는 관용의 자세로 우리 곁을 지키고 있다.

인간은 자연의 일부로 귀속되어, 그 내재적 의미를 전수받아 수용해야만 한다. 모든 불신의 벽을 허물고 화해의 길을 열어, 보다 건강한 우리로 다시 태어나기 위해 자연 앞에 자연 그대로의 모습으로 서야만 한다.

새로운 계절의 문이 열리고 있다. 지난 시간 동안 우리를 채우고 있던 모든 허물을 벗어던지고 새로운 우리로 태어나야 할 때가 왔다. 언 땅을 비집고, 새 생명의 움이 대지 위로 기어오르듯….

이 계절에는 누구를 미워하기보다는 미워해야 할 상대를 용서하고, 가슴으로 이웃하는 일에 열중해야 한다. 그것이 우리의 일상에 익숙해진 불신의 벽을 허무는 지름길이며, 후회 없는 삶을 향하는 유일한 길이다. 인간의 참된 행복은 자신을 일정한 틀 안에 가두면서 완성하는 것이 아니라, 두터운 벽을 허물고 공동의 뜨락을 마련하면서 완성된다.

이 계절에, 들리지 않는 소리와 보이지 않은 자연의 오묘한 형상에 마음의 일부를 맡겨보자. 우리가 영원히 지니려고 하는 것은 부질없는 일인지도 모른다. 그 모든 것은 잠시 곁에서 머무는 것일 뿐, 영원히 함께하는 것은 없다. 우리는 이 사실을 잊고, 그것을 좇는 일에만 정신을 빼앗길 때가 많다. 자연은 그때마다 우리에게 경고해 줄 것이다. 한낱 애착에 불과하다는 것을….

우리의 주변은 온갖 것으로 오염되어 그 형상을 알아보지 못할 정도로 바뀌었다. 이를 치유하는 유일한 방안은 자연과의 화해를 통해서만 가능하다. 인간의 오만과 치기의 벽을 허물고, 본래의 모습을 회복하기 위해서 자연과의 조응照應을 지속해야만 한다.

사람은 자기에게 주어진 시간 동안 세 사람을 만나야 한다.

그 첫 번째가 스승이다.

영원히 의지하고 기댈 수 있는 존재, 어떠한 난관에서도 바른 길을 안내해 줄 수 있는 존재가 스승이다. 스승으로서 부족함이 없는 존재가 자연이다. 아무 말도 하지 않으나 언제나 힘이 될 수 있는 강한 힘의 소유자인 자연을 통해 우리는 오늘의 난관을 헤쳐 나갈 수 있는 지혜를 얻어낼 수 있어야 한다.

두 번째로 만나야 할 사람이 친구다.

자연은 친구로서의 부족함이 없다. 같이 웃고 떠들 수는 없지만, 피곤하고 지쳤을 때, 함께 있어줄 수 있는 아량을 가지고 있는 존재가 자연이다.

마지막으로 만나야 할 사람이 배우자다.

영원한 동반자로서의 존재로 자연은 부족함이 없는 실체다. 허물없이 가슴을 나눌 수 있는 존재가 자연이다. 자연은 평생 벗하고 살 수 있는 친근한 존재로 부족함이 없다.

스승과 친구보다, 동반자보다 더 친숙하고 친밀하며 친절한 자연의 사랑만이 우리의 고통을 해결할 수 있는 절대적 존재다. 그 내면의 소리에 귀 기울일 줄 아는 인성人性의 회복으로 우리의 현대병은 치유될 수 있다.

자연은 늘 세 사람의 모습으로 우리 곁을 지키고, 계절은 이것을 확인하기 위하여 언제나 태양의 빛깔을 변화시킨다.

꽃의 비밀

꽃에는 비밀이 있다.

예기치 못한 힘이 있다.

마른 바람에 시들어가고, 어린 손길에도 꺾이고 마는 연약한 모습이지만, 분노를 잠재우고 슬픔을 거두게 하며, 솔로몬의 영광마저도 부질없게 만드는, 알 수 없는 비밀이 있다.

생활의 의욕을 잃어 인생이 덧없이 느껴지거나, 일이 손에 잡히지 않을 때면 황망히 떠난 어머니를 가슴에 안아보곤 한다.

어머니는 일찍 떠나셨지만, 언제나 가슴 안에 살아 나를 지켜보고 계신다. 지금까지 살아오면서 신앙을 가질 필요를 느끼지 않았던 것도, 내 안에 늘 의연한 모습으로 어머니가 계시기 때문이다.

어머니는 집안의 일을 남에게 의탁하지 않고 손수 당신 손으로 해결하셨다. 어린 우리들의 뒷바라지와 아버지의 시중 - 주안상 마련까지 당신의 몫이라 생각하고 기쁨으로 여기던 분이다. 무엇 하나 남에게 맡기지 않았다.

철저하리만큼 당신과 운명 지워진 사람들을 위해 혼신을 다하여 사시다 간 분이다. 꼭두새벽부터 밤늦게까지 종종걸음을 하시며 부엌에서 뒤란, 장독대로, 방과 마당을 바람처럼 휘돌며 일을 찾아 때를 놓치지 않았다.

누구의 위로나 격려를 부담스러워 하던, 모든 것을 운명으로 알고 사시던 어머니 - 나약한 몸으로 벅찬 일을 어떻게 할 수 있었으며, 어디서 그런 힘이 솟았을까 지금도 고개가 숙여진다.

그 힘겨움 탓인지 서둘러 이승을 떠나셔서 이별의 아픔을 알게 하고, 고독과 그리움이 얼마나 황량하고 아픈 것인가를 철저히 가르쳐 주신 분이다.

많은 시간이 지난 지금도 그 고통스러운 것은 때때로 가슴을 휘몰아 홍건한 눈물로 되살아나곤 한다. 어머니에 대한 그리움은 시간이 흘러도 사그러들거나 잊혀지지 않는다.

어머니에 대한 그리움이 북받칠 때는 꽃집에 들러 카네이션 몇 송이를 산다.

고향이 멀지 않은 곳에 있으니 마음만 먹으면 어머니가 누워 계신 곳을 언제나 찾아갈 수 있지만, 생각대로 되지는 않는다.

카네이션은 단순히 보은報恩이나 감사의 표상만이 아니다. 누군가 가슴에 이 꽃을 달고 있거나 손에 들고 있을 때, 어머니를 생각하게 한다.

꽃은 위대한 힘을 가지고 있는 신비한 존재다. '위대함'이나 '신비함'이라는 것은 물리적 의미에서의 '강함'을 이르는 것은 아니다.

노자老子가 말한 '약지승강 유지승강弱之勝强 柔之勝剛'이라는 말을 인용하지 않는다 해도, 유약柔弱하다는 것은 결코 뒤처진 것이거나 굴종과 패배를 표상하는 것이 아니다.

한 송이 꽃이 지니고 있는 물리적 힘은 지극히 - 비교할 대상이 없을 만큼 미약하다. 그것은 꽃이라는 외형상의 형식만을 두고 하는 평가다. 꽃은 사람의 마음을 움직이게 하고, 꽃이 지니고 있는 정서적 위력은 대상에 따라서는 그 무엇과도 비교할 수 없을 만큼 크다.

"약한 자여, 너의 이름은 여자이니라. 그러나 강한 자여, 너의 이름은 어머니이니라."고 했지만, 약해 보이는 듯하면서도 엄청난 힘을 내포하고 있는 것이 꽃이다. 이는 분노를 삭이며 증오의 칼날을 갈던 사람이, 손에 쥐어준 몇 송이의 꽃을 받아 들고 한순간에 눈 녹듯 마음을 풀고 가슴 가득 사랑의 온기를 채우게 되는 것으로 보아 알 수 있다.

유약주의柔弱主義는 부쟁주의不爭主義로 해석될 수 있다. 필요 없이 시비를 걸어 화를 초래하지 않고, 흘리지 않아도 좋을 피를 흘리지 않도록 하는 것이 이 정신의 요체다. 인간사회에 꽃이 영원히 존재해야 하는 이유는 이 때문이다. 나는 이 사실을 꽃을 통해 어머니에 대한 그리움을 삭이면서 확인하곤 한다.

사람들은 이상적 평화를 쟁취할 목적으로 끊임없이 평화를 파괴해 왔다.

삶의 본질이나 해법을 착각하고 있었던 것이다. 모든 것의 해결 방법을 오직 힘의 논리로 극복하려 했다. 이 사실은 지나치게 과학을 맹신하는 전례를 통해 확인할 수 있다. 이 무모함의 부당성을 꽃은 그 빛깔과 향기를 통해 부정하고 있다.

현대인의 정서가 오늘의 현실처럼 한 발 물러설 여유도 없을 만큼 삭막해진 것은 꽃을 대할 수 있는 기회와 공간이 좁아지고, 뿌리를 뻗을 흙이 두터운 콘크리트 코트를 벗지 못하고 있기 때문이다. 이러한 상황은 그들에게 죽음을 강요하는 것과 다르지 않고, 우리 스스로 삶을 포기하는 것과 같다.

자연은 생명을 가진 모든 것의 영원한 터전이다.

우리의 생활 어디에나, 가슴 한가운데에 싱그러운 꽃이 자랄 수 있는 공간을 마련해야 한다.

어머니는 내 가슴속의 꽃이다.

어머니는 영원히 지지 않는 - 늘 싱싱한, 무수한 의미와 빛깔과 향기를 지닌 꽃이다. 내가 모나지 않게 살 수 있었던 것도 어머니의 빛깔과 향기가 그윽했기 때문이다.

그대는
바다 속 푸른 작은 섬
아름다운 열매와 꽃들로 온통 뒤덮인
샘이며 신전
이 모든 꽃들은 나의 것.

나는 오늘도 어머니의 지극한 사랑과 당신이 가진 것을 모두 내주고도 더 손에 쥐어줄 것이 없음을 안타까워하던 어머니를 기억하며, 한 송이의 카네이션을 바라보고 있다.

어머니는, 내 마음속에 가득 핀 꽃을 위해 인용한 E. A. 포우의 시처럼 나를 그동안 안주케 했던 '바다 속 푸른 작은 섬'이다. '아름다운 열매와 꽃들로 온통 뒤덮인 샘이며 신전'이다.

맑은 물로 채워진 유리병 안에 몸을 담그고 누구 하나 일용할 양식을 마련해 주지 않아도 단 한 마디 불만이나 불평 한 조각 없이 체취와 빛깔을 통해 우주의 신비로움을 무언으로 전하는 꽃, 언제나 내 가슴에 가득한 어머니….

이제야 당신이 내 가슴에 꽃으로 살아 계시므로 지금의 나로 존재함을 알 수 있을 것 같다.

담 안과 담 밖

가끔 김이 오르는 찻잔을 앞에 놓고 원고를 쓰는 경우가 있다.

굳이 원고라기보다는 그저 살아가면서 가끔 던져지는 의문이나 느낌을 그때그때 놓치거나 잊어버리지 않도록 끄적거리는 작업이다. 원고를 쓴다고 하기도 송구스럽고, 더더구나 원고를 쓰는 작업이라고 하기에는 그 이상으로 외람 된다고 생각한다.

때론 이 송구스럽고 외람된 원고 쓰는 작업이 무척 어렵고 초조해지는 경우가 있다. 원고를 쓰지 않아서 낭패가 날 일도 아니지만, 쓰지 않을 수도 없음은 무슨 당착撞着인지 모르겠다. 아직은 이 당착을 풀지 못한 채 쓰는 일을 버릴 수 없음도 사실이다.

일을 할 때마다 까닭 없이 초조와 부담을 느낀다. 그럴 때

찻잔을 앞에 놓고 약속을 한다. 이 찻잔에 마지막 김이 스러지기 전에 모든 느낌을 앞 뒤 맞추어 원고지에 옮길 것을….

내 심성은 무엇에라도 다그쳐 시한을 정해야만 움직여지는 - 자신을 괴롭히는 괴벽을 가지고 있는 것 같다.

원고 마지막 페이지를 채우면서 남은 한 모금의 싸늘한 차 맛이 주는 쾌감을 높이 사는 것에 그 이유의 일부가 있는지도 모른다.

토요일이면 늘 생각나는 친구가 있다. 굳이 몇 날 몇 시라고 약속하지 않아도 그 다방에 가면 늘 만나는 친구다.

어느 토요일, 급히 처리해야 할 일이 생겨 평소의 그 시간보다 늦어질 것 같아 예의 그 다방에 전화를 걸어 언제고 들른다고 전갈을 했다.

일을 마치고 다방을 찾았으나, 분명히 있어 주어야 할 눈이 큰 친구는 보이지 않았다. 다만 메모판을 보라는 단골손님에 대한 배려인 양 전해 주는 다방 아가씨가 있을 뿐이다. 메모 내용은 갑자기 기다리기가 싫어져 미리 들어간다는 8시 4분 현재의 사연이 있을 뿐이다.

그때 내 시계는 8시 11분을 가리키고 있었다.

버스 정류장으로 뛰었다.

이미 정류장 반대편으로 버스는 서서히 떠나고 있었다. 20분마다 배차되는 버스가….

시청 앞에서 소공동 경유 미도파 앞으로 빠지는 길이 있다.

서울 - 대한민국의 수도에서 산다는 것을 가장 절감케 해주고, 생동하는 느낌을 실감나게 안겨주는 길이다. 일방통행의 택시와 자가용이 간단없이 밀리는 곳, 명동明洞 20년의 애환은 밀려나고 여고생이 득실거리는 백화점이며, 디스카운트 스토아가 자리 잡은 거리로 빠져나가려면 이 길을 거쳐야 한다.

이 길 한 쪽은 조선호텔의 위용이 가난한 소시민의 선망을 모은다.

생명감이 넘치는 그 거리로 들어가려면 옛날, 조선조 5백년 어느 공주가 살았던 궁宮의 담장 밑을 헤어나가야 한다.

어항의 금붕어처럼 비록 수초水草 사이는 아니라도 인간 밀림을 교묘히 헤엄쳐 나가야 한다.

될 수 있는 대로 어깨를 부딪치는 횟수를 줄이고, 함께 가는 동행을 잃지 않고, 마주 오는 사람의 발등을 밟지 않으려면 초인적인 기민성과 민첩한 몸놀림을 발휘해야 한다.

구겨지지 않은 얼굴 표정을 위해 혼신의 인격(?)을 동원해야 한다. 이렇게 고군분투 헤엄쳐 나가야 할 그 길 외의 또 다른 길을 발견해 나가는 기쁨이, 그 길보다 짧은 시간을 소모하면서도 부딪칠까, 밟힐까, 걱정하지 않고도 유유히 걸어갈 수 있는 새로운 길을 발견한 나의 기쁨, 그것은 콜럼버스의 신대륙보다, 뉴턴의 만유인력의 발견보다, 나를 더욱 희열에 뜨게 한다.

그 길은 담장 밖이 아니라, 담장 안이다.

조선호텔 담 밖의 인파로 메워진 길이 아니라, 부유층들만이 다닐 수 있는 조선호텔 담을 안으로 끼고 도는 길이다. 나는 이 길에 희열과 찬사를 보내며 애용했다. 그러나 이 기쁨은 금세 가셔져 버리고 말았다.

누가 동행을 금하는 것도 아니고, 조선호텔의 어느 한쪽 문이 닫힌 것도 아니다. 다만 내가 싫었던 것이다. 그것은 부유층에 대한 혐오감도, 내가 부유하지 못하다는 열등감도 아니다. 다만 인파人波가, 명동을 들어서며 느끼는 그 인파가 그리웠던 것이다.

발등이 밟히는 인연과 어깨가 부딪치는 서민의 냄새가, 생동하는 그 서민의 입김이 그리웠다.

담 안과 담 밖, 허허한 하늘에 금을 긋는 것과는 전혀 다른 안과 밖, 돌담으로 가로질러진 그 하잘 것 없는 경계며 영역에 구토가 치민 것이다.

몇 분의 시차로 어이없는 토요일 오후를 보낸 날에 느낀 어느 순간과 한계의 의미, 인간의 힘이 도저히 미칠 수 없는 허허함이 안겨지던 날의 그 깨달음, 한잔 찻잔에 이는 김蒸氣에 한계를 거는 나 - 시간이나 공간이나, 사물이나 관념이나 간에 거기에는 쉽사리 손댈 수 없는 엄연한 한계가 도사리고 있다.

시간을 가르는 선, 공간을 가르는 담 벽, 이는 김과 스러지는 김과의 한계, 인위적이든 작위적이든 일단 그어진 금線에 대한 배반할 수 없는 인간의 무력함에 나는 고개 숙여 생각해 볼

따름이다.

나폴레옹처럼 "불가능은 없다."고는 외칠 수 없다.

내가 영웅이 못된 탓일까.

이것이 생활 곳곳에 엄연히 그어져 있는 이 금線에 대한 처절한 내 자세다.

가을의 출구

가을은 성숙의 계절이다.
어제를 떨쳐버린 가을 속을 구르고 있다.

말없이 떠난 사람이 그리워지고, 누구를 만나야 할 것 같아 마음 바빠지는 것도 이 계절의 썰렁한 바람이 휘감기 시작하는 날부터다.

진정한 가을은 우리의 마음에서 비롯된다. 내재內在한 자신과 만나는 계절, 허세에 물들지 않고, 비굴에서 해방된 자신을 만나 본연本然의 대화와 사고思考를 행하다 기억할 수 없는 어느 뜨락의 한가운데에서 새로운 계절의 체취를 느끼고 옷깃을 여며야 하는 것도, 이 계절의 문턱을 들어선 오후에서부터다.

가을은 숙성한 아이의 가슴에 드리워진 두려움과 같은 것이

고, 자신의 습관적 행위가 어설프게까지 느껴지는 때다

가을은 물빛 같은 마음을 가진 사람과 바람의 체취를 담은 사람이 가슴을 앓는 계절이다. 치유의 방법을 생각할 필요도, 깊이 사고할 필요도 없는 계절이다. 밤새 뒤척이다 먼 하늘을 바라보는 것이 가을을 살아내는 올바른 수용의 방법이다.

우리는 '나' 속으로 들어가야 한다. 아무런 미련과 두려움 없이, 사랑과 미움도 거부한 채 '우리' 속으로 잠식해야 한다. 서두르고 뒤뚱거리며 공연한 허세를 부려서도 안 된다. 낙엽을 밟고, 낙엽이 쌓인 숲에서 그들이 계절 속으로 말없이 걸어가는 소리에 귀 기울여야 한다.

가을을 사랑하는 것은 자신의 삶을 사랑하는 것과 같다. 자신을 사랑하지 않는 사람은 가을을 사랑할 수 없다. 그것은 우리가 공허까지도 소유할 줄 아는 가을의 주민住民이기 때문이다.

이제 우리는 우리가 만든, 신神이 만든 가을을 살고 있다. '나'를 계절 속에 내던져 얼마나 다져져 있는 가를 확인하고 있다.

가을은 다른 계절보다 진취적이고 의욕적이어야 하는 때다. 가을은 우리의 가슴에 살아 있는 완전한 멋이다.

가을의 출구出口를 통해 길을 나설 때 우리는 진정한 아름다움과 충만의 희열을 배울 수 있다.

낙엽처럼 빈 마음으로 길을 떠날 때면….

고독이 아름다운 계절

침묵의 소리

정관의 세계

들꽃을 좋아한 여인

시련은 삶의 마디일 뿐

눈

겨울바다

고향, 그 영원한 모성

어느 로맨티스트의 고백

고독이 아름다운 계절

겨울은 휘청거리고 있는 나를 흔들어 깨워 거리로 내몰던 아침이거나, 어머니와 같은 존재다.

철저하게 나로 돌아와 어느 정도 이격된 거리에서 가끔 낯설어 보이기까지 한, 또 하나의 나를 만날 수 있는 계절이다.

그 누군가를 위해 자리를 지켜야 하는 모습의 나, 어느 기억의 파편 속에 묻어 있는 내가 아닌 - 일체의 의도로부터 고립된 세계에서 나만의 체취와 빛깔을 만나고 싶을 때, 나는 일상의 한가운데를 가로질러 겨울로 발길을 옮긴다. 서둘러 텅 빈 것 같은 거리, 굳게 닫힌 문을 스쳐지나 잎을 떨 군 채 묵상에 잠겨 있는 나무 앞에 서면 비로소 고독이 잉태하는 자유가 어떤 것인지를 실감하며 한없는 평화에 젖는다. 버림의 미학을 지니려는 욕망보다 한 수 위임을 실감하게 하는 것이 바로 이

때이기 때문이다.

뒤범벅이 된 채 혼란했던 것 같고, 때로는 뒤처져 따라오느라 허덕이던 지난날들, 스스로 참회하며 고개를 숙일 수밖에 없는 이 세기世紀의 끝에 '겨울'이라고 이름 붙여진 편안한 쉼터가 마련되어 있다는 사실은 참으로 고마운 일이다.

나는 누구를 찾아 그의 곁에 있다는 사실만으로 위안을 받고 싶은, 모두가 떠나버린 폐허의 공간 위에 혼자 남아 있다는 사실이 섬뜩한 위기감으로 번져 한기寒氣를 느껴야 하는 겨울이 아니기를 소망하며, 그의 앞에 선다. 스쳐 떠난 사람들의 눈에 홀로 버려진 내가 어떤 모습이었을까를 마음 쓰지 않아도 되는 겨울이기를 기대하며, 그에게 만남을 신청하고 있다.

그것은 겨울을 통해 나의 건재함을 확인하기 때문이다.

무엇을 찾기 위해서, 그 누구를 기다리기 위해서가 아닌, 그냥 바라보기 위해서 창과 마주한 내 눈은 오후처럼 바쁘다. 밤을 뚫고 올라 하늘로 비상하는 불빛 아래서 사람들은 어떤 생각을 하며, 누구와 어떤 얘기를 나누고, 차를 몰거나 아니면 걸어서 거리를 오가는 사람들은 아직 일을 끝내지 않아 분주한 것일까.

눈이 내렸으면….

겨울에는 특별한 이유 없이 하늘을 볼 때가 많다. 겨울의 모습은 눈 내리는 풍경이다. 일상으로부터 훌쩍 떠나 홀가분해질 수 있기 때문이다. 그것은 하얀 도화지 위에 선명한 빛깔로 드러난 자기 존재에 대한 나르시시즘 때문이고, 소망했던 일상으로부터 탈출에 성공한 안도감과, 그 가능성에 대한 기대감 때문이다.

비록 눈이 녹아 발끝에서 질척거릴 땐 처음부터 인연 지워지지 않았으면 하는 사랑의 회한처럼 귀찮아지지만, 순백의 체취와 화사한 빛깔로 세상에 존재하는 모든 것과 어떤 형태로든 잠시 결별할 수 있는 것은, 고단한 삶의 역정에서 가슴 두근거리는 휴식이며 외출일 수 있다. 다시 원래의 상태로 환원되는 일이 안타까울 뿐이다.

눈은 이내 녹기 때문에 아름답다. 얼마동안 자리를 차지하고 있다 사라지는 것이 끝까지 버티며 주변을 어지럽히는 것보다 몇 배 더 아름답다.

겨울은 끝이 아니라 싱싱한 꿈틀거림이고 출렁이는 파도다. 그것은 분노가 아니다. 그냥 일어섬이고 주저하지 않음이다.

그것은 원래의 자리로 돌아오는 계절이다.

무엇을 애써 찾아야 하고
또 잊어야 하는지는 모르지만
그냥 그대로
나에게 취해 거나한 취기로 흔들거리며
신바람 나게 사는 것
몇 푼의 돈을 모아

지니고 싶었던 것들의 주인이 되고
술자리를 파할 때마다
구두끈 고쳐 매는
가진 것이라곤 미안함뿐인 친구에게
돼지고기 몇 점 구워
소주라도 권하며
그냥 그렇게 사는 것이련만
그게 마음처럼 되지 않는
이 겨울은
내가 늘 상 지녀온 가슴에
아직 눈을 녹일 만한
사랑을 갖지 못한 탓일까

이 시에서 말하는 아픔은 평범한 것에 동참하지 못하는 사실에서 기인한다.

우리가 기다리고 있는 것은 현란한 것이나 손바닥을 들어가려야 할 만큼 휘황한 광채를 지닌 것이 아니다. '지니고 싶었던 것들의 주인이 되고, 술자리를 피할 때마다, 구두끈을 고쳐 매는, 가진 것이라곤 미안함뿐인 친구에게, 돼지고기 몇 점 구워, 소주라도 권하며' 사는 '그냥 그런' 것일 뿐이다.

그러나 '그게 마음처럼 되지 않는' 것일까.

시인의 말처럼 아직 눈을 녹일 만한 사랑을 갖지 못한 탓일까. 아니면 두터운 겨울의 냉기 때문일까. 그러한 물음에 대해 적당한 대답을 마련하지 못하는 현실이 때로는 우리를 아프게 한다.

요즘 신문의 한 면을 가득 채우고 있는 권희로에 대한 기사는 겨울을 생각하게 한다. 너무나 고단했던 나날들, 하루도 편안하지 못했던 긴 터널을 빠져나와 눈부신 햇살 앞에 선 그는 지금 행복하다고 말할 수 있을까.

민족 차별이라는 대명제 앞에서 분노에 들끓던 그의 젊은 시절이 그에게는 인생의 겨울이었을까. 아니면 반평생이라는 긴 시간을 통제와 감시 속에서 눈치를 살펴야 했던 수감시절이, 고국에 돌아와 영웅 대접을 받는 지금이 그의 겨울일까.

처지와 상황만 다를 뿐, 사람들은 누구나 그와 비슷하게 살고 있는지 모른다. 그러나 여기서의 겨울은 불행한 사람만을 의미하는 것은 아니다. 우리의 삶도 네 계절의 변화와 다르지 않다. 오르막이 있으면 내리막이 있는 법이고, 양지의 한 켠에는 그늘도 있다.

겨울은 그 어느 계절보다 겸허한 의미를 깨닫게 하기 위해 신神의 배려로 마련된 때다. 피곤한 육신을 쉬게 하며 정신적 여유를 배양할 계절이다.

온통 들끓고 있다고 그 모두를 활기찬 모습이라고 할 수 없듯, 현란한 빛깔로 출렁이는 현실만이 아름다운 모습이 아니다.

침잠할 수 있는 지혜를 이 겨울 동안에 마련해야겠다.

침묵의 소리

겨울은 여백餘白의 계절이다.

현란한 색채가 머물다 간 자리에 겨울은 우울한 몇 가지 색으로 대지를 지키고 있다. 눈부신 태양 아래서 고개를 들고 교만을 앞세우던 세상은 다소곳이 고개 숙여 제 자리를 돌아보고, 그 겸허한 모습마저 눈송이가 포근히 감싸 안은 날이면 우리는 어진 세월 속에 흘러들게 된다.

잿빛 하늘 아래 눈 덮인 산야는 어제까지의 아우성과 모진 소용돌이를 잠재우고 있다. 눈雪은 사람과 사람, 사연과 사연을 연결하던 교각과 허욕의 빌딩 숲도 순 하디 순한 모습으로 잠재우고 있다.

헤픈 웃음과 찌든 미소로 이리 짜고 저리 꿰던 숱한 관계의 모순도 깨끗한 세상에서는 잠시 풀어지리라. 겨울은 우리의 영혼을 거듭나게 하는 신비의 계절이기 때문이다.

겨울은 봄, 여름, 가을의 수많은 색깔을 응축하여 무색無色의 옷을 입고 바람소리에 귀 기울이며 안으로 스며든다. 자기의 소리에 열중하는 침묵의 작업을 시작한다.

겨울이 간직한 침묵의 소리는 무엇일까. 그것은 어느 산수화의 선線에 숨겨진 공간이며, 눈보라에 휩쓸려 나뒹구는 어느 일간지 한 귀퉁이 행간行間의 여백이다. 그것은 산이며 강이며 들이고, 삶의 그늘에 가려진 진실의 실체다.

지금까지 우리는 얼마나 많은 부호符號와 목소리에 길들여져 왔던가.

색채의 아름다움에 여백의 미를 잊고, 크고 거센 목소리에만 귀가 열려 산마루를 돌아오는 메아리의 추억을 잃어버렸다. 말초적인 감각에 밀려 여인의 애련 미는 고전이 되었고, 개발이 향수鄕愁보다 우선하여 고향을 사위게 했다. 그 과정에서 현시적이고 권위적인 가치관은 권력을 지향하기에 이르렀으며, 색채의 향연은 아비규환을 방불케 하였다.

다른 문명과 문화가 유채색이라면, 문학은 무색無色이며 여백의 도구이고 겨울처럼 내면의 삶이며 침묵하는 파도다.

언제부터인가, 그곳에도 색체의 유혹이 음습하게 파고들어, 사람들이 몰려 수근대고 여기저기 기웃거린다.

겨울은 침묵의 계절 - 봄의 시샘도, 여름의 쟁취도 따스하게 품어 안는다. 격랑을 돌아온 그 많은 이야기를 가슴에 담는다.

그것은 더 큰 뜻과 더 많은 이야기를 역사의 굽이에 남기기 위한 오늘의 여적餘滴이다.

겨울을 어떻게 죽음의 계절이라고 말할 수 있을까. 침묵이 어찌 죽은 자만의 언어일까.

여백이 사유의 보고이며 참의미의 실체이듯, 겨울은 안으로 숨쉬는 계절이며 침묵으로 웅변하는 우주의 거대한 교향곡이다.

정관의 세계

유달리 피곤한 귀가 길이 있다.

여느 날처럼 아침 일찍 출근하고, 강의하고, 책을 보고…. 이제는 타성이 되어 벗어날 수 없는 궤도처럼 끈질긴 인력引力에 끌려 의식하지 못한 채 걸어온 세월이다. 별나게 피로할 것도 없고, 기뻐 흥분할 것도 없어진 이즈음의 생활이다.

가끔 친구들이 모여 박장대소함이 즐겁고, 제자의 방문을 받는 날이 흐뭇한 사건이 되고 만 지금이다. 여기에 좀 보탠다면 자식의 장성이 미덥고, 큰 탈 없이 자라준 것이 고마울 뿐이다.

몇 그루씩 모아온 수목이 제법 마당을 좁히고, 한두 권씩 모아온 책이 서재를 비좁다고 하니, 이것이 살아가는 기쁨이요 여유다. 따라서 별나게 큰 황홀과 기쁨을 맛본 지 오래이니 그다지 큰 괴로움도 느끼지 못하게 되었다. 좋게 말하면 연륜의 안정이라 할 수 있고, 나쁘게 표현하면 너무 일찍 주저앉혀진 안일에의 탐닉이라 할 수 있다.

하루하루를 이렇게 보내며 세월은 흘러간다. 이 세월이란 것이 묘한 마력을 지니고 있어 어지간한 일들을 해결해 주고 처방해 준다. 나는 못 이긴 척, 이 세월에 모든 것을 맡겨 버리기도 한다.

그런데, 어느 하루쯤은 지독히 피곤과 권태가 밀려오는 저녁나절이 있다.

돌아오는 차 속에 피곤해진 육신을 간신히 내맡겨 버릴 때, 도회 고층 건물의 횡포로 하늘을 본 지 오래되고 제대로 숨 쉬어 본 지 오래인 것 같아 질식할 듯한 착각 속에 빠져 버릴 때, 가까스로 빌딩을 비집고 먼지 낀 차창으로 쏟아지는 한 줌 햇살에 경이를 느끼곤 한다.

이 고마운 한 줄기 햇살은 내 투박한 검정 외투 팔소매로부터 앞자락 누런 서류봉투를 거쳐, 옆에 앉은 또 한 사람의 피곤한 시민의 여린 손끝을 지나 통로로 내려선다.

햇빛.

겨울 저녁 한 줄기 버스 창틈으로부터 새어 나오는 외롭고 가느다란 햇살은 시야를 밝게 해주는 위력을 가지고 있다. 피곤으로 흐려졌던 동공에 긴축 감을 준다. 생생한 생명감을 준다.

한 줄기 햇살은 무럭무럭 잘 자라주는 자식과 나무와 같다.

이 햇살 덕택에 속눈썹 위에 올라앉아 있는 한 점의 먼지는 크게크게 확대되어 온다. 그 먼지는 회색빛이기도 하고, 크림

빛이기도 하며, 어떻게 보면 바이올렛 빛이기도 하다.

자세히 보면 햇살의 칠색 무지개는 '살로메'의 일곱 가지 너울 같기도 하다. 그곳에는 그리운 사람의 얼굴이 있고, 보고 싶은 얼굴이 그려져 있다. 돌아가신 어머니의 모습이 나타나고, 참회록을 집필하고 있는 '아우구스티누스'가 보이고, 딸에게 글을 받아쓰게 하는 눈 먼 '밀턴'이 보인다. 나는 여기서 우주를 보며 만물을 본다. 섭리도 깨닫고 진리도 깨우친다.

한 점 먼지.

깊은 대로의 침잠이요, '정관靜觀의 세계世界'로 인도되어진다. 그 인도는 한 점 먼지에서 비롯된다.

때때로 이것을 글로 옮겨 본다.

이것이 수필의 세계요, 한 편의 수필이 쓰여 지는 착상점이 되기도 한다.

어느 피곤한 귀가 길 차 속에서 숱한 만남을 하고, 숱한 깨달음에 빠지는 것이다. 그 깨달음은 혼탁한 도회의 차 속에서의 귀한 착상이 있고, 때로는 눈 내린 겨울 들판을 달리는 야간열차 속에서의 착상도 있으며, 밥상머리 아내의 시중에서 크나큰 소재를 얻는 경우도 있다.

내 수필의 의미는 고요에로의 침잠이다.

한 편의 수필이 쓰여 지기까지의 착상 발전은 여러 경우, 여러 모습을 띤다. 내가 수필을 쓰는 이유 중의 하나는 진지함에의 도달이다.

나는 인생을 진지하게 살고자 한다. 성실하게 살고자 원하며 항상 추구하는 자세이기를 원한다.

이렇게 거듭 반복되어지는 자신에의 목적을 명징明澄하는 방법의 하나로 나는 '수필'이란 형식을 빌리는 것이다. 그러나 수필가이기를 원하지 않는다. 흔히 사회가 붙여주는 '(家)'라는 괜한 인정을 원치 않는다.

수필을 쓰는 일은 내 자신에 대한 확인일 뿐이다. 쓰지 않고는 견딜 수 없는 - 내 생리에서 오는 것이라면 너무 오만에 치우친 것일까. 과연 쓰지 않고서는 견딜 수 없어 쓰는 것이냐 하는 질문에는 좀 더 나 자신에게 여유를 달라고 하는 의미와 다르지 않다.

수필은 4차원의 세계다. 그것이 문제이기보다는 자신에게 바라는 '승화의 감정', 그것을 더 사고 싶다.

허욕과 탐욕, 위선을 버리고 내가 나이고 싶은 소이所以에서 수필은 쓰여 지고 거두어진다.

인생.

그 오묘함, 그 거룩함, 그 위대함.

나는 낙천주의자는 아니다. 그렇다고 염세주의자도 아니다. 내가 나이고 싶은 소이는 인생을 인생답게, 인생이란 것에 값을 주고 살자는 의미다.

한 편의 수필이 쓰여 지기까지 이런 생각과 과정을 거치게 된다.

누구의 것도 아닌 나 자신의 것으로 만들기 위해서….

들꽃을 좋아한 여인

사람은 어떠한 형태로든 다른 사람들과 더불어 살아가고, 그 과정에서 갖가지 깨달음과 아픔, 포근함을 느끼게 된다.

사회가 각박해지고 연일 끔찍한 사건들이 다툼이나 하듯 보도되는 현실에서 인간을 이야기하고, 인간미를 반추한다는 것이 어울리지 않는 행동 같지만, 이럴 때일수록 낭만적 회상과 그리움은 깊어지기만 한다.

우리는 이성의 냉철함도 갖추지 못한 채 일체의 질서를 무시해버리는 오만함에 길들여져 있다. 어디로 가고 있는 것일까. 이런 삭막함과 처절함 끝에 무엇이 도사리고 있을까. 우리는 다시 복원되어 작은 보람에 두근거리고 남을 위해 눈물 흘릴 줄 아는 사람이 될 수 있을까.

이럴 때마다 생각나는 사람이 있다.

어떤 유별난 감정의 소치에서 비롯된 것이기보다는 지극히 인간적인 체취로 오래 기억되는 사람이다. 지금은 그도 많이 변했으리라. 한 인간을 이루는 것은 본성 그 자체로서만 되는 것은 아니기에, 환경이 그를 어떻게 만들어 놓았는지는 생각할 필요가 없지만, 그때 그 모습 그대로 살아가고 있으면 하는 바람을 가져보곤 한다.

그 여인은 유난히 눈이 컸다.

눈이 크면 무서움을 많이 탄다고 하는데, 그는 각박한 세상을 스스로의 힘으로 굳세게 살기에 힘겨울 것 같아 보이는 사람이다.

때로는 순수와 아름다움보다 연민의 정이 솟곤 했다. 수줍고 부끄러울 때는 이내 낯을 붉히고 그 속도만큼 눈가에 감도는 표출은 과장이나 위선이 아닌 진실 그대로의 표정이다.

그런 눈이 어떻게 변해 있을까.

주름이 어느 정도 잡혔을 것이고 모자라는 시력을 보충하기 위해 껌벅거리거나 미간을 좁히는 습관이 있겠지만, 그 마음만은 호수처럼 잔잔했으면 한다.

그는 현란한 빛깔이나 모양의 서양 꽃보다는 들과 시골 길가에 아무렇게나 피어 있는 들꽃 - 달맞이꽃, 패랭이꽃, 싸리꽃, 망초꽃, 제비꽃, 물양지꽃, 도라지꽃을 유난히 사랑했던 사람이다.

국가민족의 미래라는 관념적 어휘를 늘어놓는 맹렬 여성은 아니지만, 지극히 우리다운 것을 소롯한 마음으로 품어 안을 줄 아는 사람이다. 꺾어서 손에 들고 그 아름다움을 만끽하는 것이 아니라, 자신이 고개를 낮춰 그 꽃 앞에 찬사를 보내는 사람이다.

그는 들꽃을 좋아하는 만큼 비를 좋아하고, 비중에서도 이슬비를 좋아했다. 어떤 특별한 이유와 사연이 있어서라기보다는 막무가내로 좋아하고 사랑했다.

우리는 지나치리만큼 원인과 이유를 밝히는 데 익숙해져 있다. 사람들의 말을 듣다보면, '왜냐하면~', '그 이유는~', '따라서 결과는~' 같은 말이 등장하는 것을 보면 쉽게 알 수 있다.

우리가 세상을 살아가는 일은 과학이 아니며 어떤 공식에 대입되는 것도 아니므로, 이 사실이 삶의 실상일 수는 없다.

사랑하는 만큼 사랑하고, 가슴에 지닌 무게와 부피만큼 아끼면서 살면 된다. 욕심을 갖는다고 해서 모든 일이 그 열망대로 이루어지는 것도 아니다. 참고 기다리는 일에도 마음을 기울여야 한다.

나는 그 여인이 어디서 어떤 모습으로 살고 있는지 모른다. 아니면 내가 만나고 싶어 하는 그것은 허상인지도 모른다. 애틋하게 가슴에 지니며 살기 위해서는 이런 사람이 곳곳에 풀꽃처럼 남아 있어야 하기 때문이고, 이슬비처럼 촉촉이 세상을 적셔야 하기 때문이다.

우리는 우리를 둘러싼 환경과의 싸움을 격렬하게 펴왔다.

요즘 주변 이야기와 신문 보도를 접하다 보면 인간 스스로의 분쟁이 일어난 것 같다. 자식이 부모를 구타 살해하고, 제자가 스승을 협박 구타하며, 인간이 매몰되어 팔려 다니는 일이 아무렇지 않게 자행되는 시대를 우리는 살고 있다.

하지만, 누구를 탓하거나 두둔할 수는 없다. 저마다 서로 다시 태어나야 한다. 그때 세상은 들꽃과 풀꽃이 풍성하고 잃어버린 낭만도 치유될 수 있다.

이제, 새삼스러운 열정에 물들 수는 없지만, 인간의 향내를 지닌 사람들이 그리워진다.

지금 밖에는 비가 내리고 있다.

눈이 크고, 들꽃을 사랑하며 이슬비를 좋아하던 여인이 생각난 것은 비 때문만은 아니다.

시련은 삶의 마디일 뿐

인생은 여러 가닥의 올로 짜인 천과 같다.

이리저리 엮어 하나의 구조를 이루듯, 삶은 서로를 업고 안고, 끌어내거나 잡아당기며 엉켜 있다. 그 중에는 시간과 공간에 윤기를 더하는 것도 있고, 함께 하지 않아야 좋을 것도 있다. 그러나 그 모두는 필요하고 꼭 있어야 할 것들이다. 그것은 절대적 현상이나 존재가 아니라, 상대적으로 나타난 존재이고 현상이다. 문제는 어떻게 받아들이느냐 하는 수용의 자세다.

삶은 일률적인 방향으로만 전개될 수는 없다. 절망으로 점철된 비극일 수도, 환희만으로 채워질 수도 없다. 서로의 어우러짐이 우리의 삶이기 때문이다. 어느 한 방향으로 규격화된 것이 삶의 실체이거나 진상이 아닌 것은, 우리에게 일말의 용기를 줄 수 있는 삶의 여지이기도 하다. 현실에서 한 발 떨어져 관조의 눈으로 세상과 삶의 실상을 바라보면 쉽게 좌절할 필요도 없고, 한 순간의 만족감에 도취되어 무지개 빛으로 채색할 필요도 없다.

삶은 자연 현상의 변화나 질서와 무관치 않다. 우리의 성현聖賢은 자연과 접하면서 그 자연 속에서 삶의 지혜를 깨우쳤다. 인간의 지혜는 자연의 질서와 오묘한 원리를 깨닫는 일에 지나지 않는다.

어느 연못에 물고기 두 마리가 살았다. 넓지도 않은 공간에서 서로 부딪치며 사는 것이 싫어 서로가 서로를 원망하고 저주했다. 상대방만 없다면 세상이 더없이 행복할 것만 같았다. 같이 있을 때보다 먹을 것도 배 이상 더 있을 것이고, 공간도 훨씬 쾌적해 사는 것처럼 살 수 있을 것 같았다.

그러던 어느 날, 그 소원이 이루어졌다. 시름시름 앓던 한 마리가 드디어 죽고 만 것이다. 남은 한 마리는 춤을 추고 소리를 지르며 좋아했다. 소원이 이루어졌기 때문이다. 그러나 그 기쁨은 오래 가지 않았다. 상대방 물고기의 주검으로 인해 물이 썩어 도저히 숨을 쉬지 못하게 되자, 남은 한 마리의 물고기는 상대를 저주했던 자신의 어리석음을 후회했지만, 그것은 영영 돌이킬 수 없는 일이 되고 말았다.

여기서 물고기 한 마리는 '행복'이고 다른 한 마리는 '불행'이라고 할 수 있다. 하나는 자신이 이미 '소유'한 것이고, 다른 하나는 아직 갖지 못한 채 선망하고 있는 것이다. 채워지면 그 채워짐으로 해서 뿌듯하고, 미처 차지 못하면 부족하므로 행복할 수 있다. 이것이 '여유'라면 행복은 이 여유의 소산이다.

여기서의 여유는 체념이 아니다.

한가롭고 굴곡이 없다는 이유만으로 삶은 행복할 수 없다. 어려움을 견디고 이겨내면서, 인간으로서의 보람을 느낄 수 있다. 정상에 서서 만인이 굴복하는 모습을 확인하고 행복을 절감하는 것이 아니다.

울퉁불퉁하고 모난 돌인 총각總角이 조약돌이 되기 위해서는, 많은 시련을 겪어야 한다. 각이 총집결한 것이 총각인데, 비바람에 시달리고 다른 돌과 부딪쳐 깨어지는 고통을 감내하지 않으면 그것은 영원히 총각으로 머물 수밖에 없다. 조약돌이 되기 위해서는 수많은 시련을 거쳐야 하고, 완성품이 되기 위해서 고통을 감내해야 한다.

'사람은 열 번 된다'라는 말이 있다. 순간을 살다 가는 존재가 인간이지만, 그 기간 동안 인간은 수많은 체험을 하게 된다. 그 과정을 통해 울퉁불퉁한 돌이 매끈한 조약돌이 되듯, 인간은 수없이 다듬어진다. 다듬어진다는 것은 가시적 형상을 말하는 것이 아니고, 어려움을 인식하는 태도와 지혜를 말한다.

요즘 젊은이는 인내력이 없다. 그 원인을 제공한 것은 이 시대이며, 기성세대의 무관심 때문이다. 감싸 안을 줄만 알았지, 그들이 살아가는데 필요한 햇볕의 양분과 바람, 비와 눈의 효능에 대해서는 무관심했던 것이다.

전쟁 이후, 급증했던 전후세대가 성장하면서 타산지석他山之石의 지혜라던 산아제한이 아이들에 대한 과보호를 낳게 했고, 그 부산물이 기다릴 줄 모르고 참을성 없는 젊은 세대다. 교육이 유격훈련이나 공수낙하훈련처럼 인간의 한계 상황까지 이르러야만 그 효과를 기대할 수 있는 것이 아니며, 삶의 가치는 환희에서만 찾을 수 있는 것도 아니다.

물질의 풍요는 자연스러운 시대적 추세가 아니다. 밤이 무엇인지 모르고, 휴일이 뭐하는 날인지도 모르며 산 사람들의 흔적이 이룬 결실이다. 그것은 무한정 샘솟는 샘물이 아니고, 삭막하게 고갈된 현실을 만들고, 힘든 삶을 예고하는 예고서인지도 모른다.

그에 대비해 굶는 연습을 하는 것보다 현명한 것은, 미래의 현실에 도전해 불행의 접근을 막는 일이다. 그것은 시련을 이길 수 있는 지혜가 모아졌을 때만 가능하다.

편안이라는 말을 무위도식無爲徒食하는 것으로 생각하는 사람에게는 가장 행복한 모습이고 추구하는 이상이지만, 모든 사람이 추구하는 것은 아니다. 일을 보람이라 생각하고 그에 매진하는 것을 살아 있음에 대한 입증이라고 생각하는 사람에게는, 주체할 수 없을 만큼 흘러내리는 땀이 기쁨일 수 있다.

저마다 삶의 목표와 추구하는 것은 다르지만, 일을 보람으로 알고 어려움에 봉착했을 때 이를 피하지 않고 극복해 나가면서, 우리는 더 큰 생의 의미를 확인하게 된다.

비바람이 지나간 후에 땅은 더욱 굳고, 풀무 불에 단련된 쇠가 더 강하다.

눈

노염을 품은 듯 찌푸리고 있던 하늘에서 눈이 내리기 시작한다.

마음 한 구석에 남아 풀리지 않던 문제가 일시에 해결된 듯 홀가분해진다.

이 음산한 계절에 하얀 빛깔의 비둘기처럼 메시지가 없었으면 겨울이 얼마나 삭막할까. 주변은 온통 흰빛으로 물들고 있다.

자동차는 어두움을 헤치며 칼바람이 몰아치는 길을 질주한다.

언 차창을 통해 밖을 내다본다. 삭풍朔風에 움츠린 채 떨고 있는 나무가 눈에 들어온다. 우리는 저마다 귀착지에 닿으면 안식과 모진 추위까지 잊고 곤히 잠들 수 있다. 겨울의 한복판에 서서 온몸이 그대로 냉혹한 겨울이 된 채 봄을 기다리고 있을 저들은 이 밤이 얼마나 괴로울까. 금방이라도 숨이 막힐 듯하다. 나무에게 눈은 어떤 의미를 지닌 걸까. 위로일까, 아니면 가혹한 고문일까.

어둠 속에서 더 어두워진 겨울 산 - 칠흑 같은 밤을 지키는 나무의 어깨 위에 눈발이 쌓였다가 바람의 위세에 쓸려 사방으로 흩어진다. 금방이라도 일을 낼 것처럼 세찬 기세로 칼날을 휘두르는 바람의 횡포에 주변은 온통 주눅이 들어 있는 듯하다.

겨울은 겨울다워야 제 맛이 나지만, 요즘엔 그 말을 실감할 수 없다. 제철에 과일을 먹어야 제 맛이 나는데, 정상적인 수확기가 어느 때인지를 모르니 제 맛을 느끼며 사는 것 같지 않다.

어디를 가나 계절의 속성을 무력화시키기 위한 냉난방 시설이 잘되어 좀처럼 계절을 느낄 수 없다. 겨울은 다른 계절에 비해 바람이 쌀쌀하고 먼 산에 잔설殘雪이 희끗희끗한 것 외에는 변별력도 흐려지는 것 같아 두렵기까지 하다. 노인병의 위협의 대상이 되는 치매癡呆도 무감각한 태도가 만들어낸 일종의 정신적 동맥경화현상과 같다.

생명을 가진 모든 존재에게 변화는 피할 수 없는 현실이고, 생을 지루하게 만들지 않는 처방이다. 그러나 우리는 안이한 상태에서 오늘을 살며 내일을 맞고 있다.

생태계가 처음 태동할 때 세상은 모두 자연의 늪이고, 벌판이었다. 그때의 패러다임은 순종順從, 그 하나다. 그런 면에서 문화는 일종의 반발이며 역행이다. 자연은 문명의 산물과는 달리, 스스로의 힘으로 존재하면서 우주의 영슈에만 순응하는 것을 가리키는 총칭이다.

산이나 들, 바다와 같이 인간의 힘으로 상대할 수 없는, 어떻게 해보려고 해도 도저히 방도가 없는 거대한 존재를 아우르는 것으로 알고 있지만, 이것도 자연이라는 구조의 한 요소 - 일부분에 지나지 않는다. 서양에서는 사람이나 짐승, 풀꽃도 신의 창조물로 보고 자연의 이름 안에 포함시키는 것을 주저하지만, 동양에서는 이들 모두를 자연 속의 한 가족으로 간주하기를 망설이지 않는다. 이들의 공통점은 질서에 따라 순종하는 삶을 살 수밖에 없다. 눈이 녹아 모습을 무너뜨리는 것도 이를 표상하는 것이다.

세상을 이끌어가는 근본적인 힘은 순리順理다. 누구나 순간은 용감할 수도 있고, 대단한 존재인 것처럼 보이기도 하지만, 원래의 상태로 돌아갈 수밖에 없다.

자연과 사람은 자기 삶의 주인인 것 같지만, 실상을 들여다보면 아무 주권이 없는 나약한 객客에 불과한 존재다. 독립된 개체가 아니라, 거대한 자연의 한 요소에 지나지 않는다.

자신의 의지에 관계없이 시간의 경과에 따라 모습이 바뀌고, 마침내는 모든 생명을 소진한 이후 한줌의 흙으로 돌아가는 것이 생명을 소유한 관리자의 숙명이다. 그 자체가 일생임을 알려주기 위해 눈은 앙상한 세상 위에 내려 쌓이고, 녹으며 생명수가 된다.

그들의 삶은 엄격한 질서를 전제로 한다.

요즘처럼 변화의 소용돌이와 일정한 방향도 없이 뒤뚱거리는 현실 속에서 자연은 지표이고 정신의 중심인데 비해, 우리는 한 낱 한 줌의 흙이나 물살의 구실도 못하며 표류를 거듭한다.

설 연휴 - 겨울의 한복판에 서 있기 위해 바다를 찾았다. 돌아오는 길에 대관령을 넘으면서 한 발 물러서지도 못한 채 온몸으로 겨울을 견디고 있는 그들을 보면서 주체할 수 없이 흘러내리는 눈물을 애써 목 속으로 삼킬 수밖에 없었다. 피하려고 해야 피할 웅덩이 하나 없는 바위틈에서 부러져나가는 제 몸뚱이를 바라보며 겨울 속에서 겨울이 되어 처절하게 겨울이 되어가는 아픔, 차에서 내려 잠시 눈을 맞고 싶었지만, 차를 세워 내리지 못하는 나 자신이 나약하게 느껴진다.

유성에서 조치원으로 가는 어느 들판에 우두커니 서 있는, 한 그루 늙은 나무를 만났다. 수도승일까. 묵중하게 서 있었다.

다음날 조치원에서 공주로 가는 어느 가난한 마을 어귀에 그들은 떼를 지어 몰려 있었다. 멍청하게 몰려 있는 그들은 어설픈 과객일까. 몹시 추워보였다.

공주에서 온양으로 우회하는 뒷길 어느 산마루에 그들은 멀리 서 있었다. 하늘 문을 지키는 파수병일까. 외로워 보였다. 온양에서 서울로 돌아오자 놀랍게도 그들은 이미 내 안에 뿌리를 펴고 있었다. 묵중한 그들의, 침울한 그들의, 아아 고독한 모습. 그 후로 나는 뽑아낼 수 없는 몇 그루의 나무를 기르게 되었다.

나무라는 박목월의 작품에서 보듯, 나무는 나무로만 서 있는 것이 아니라 분명한 의미로 그곳에 꼼짝하지 않고 서 있는 것을 확인할 수 있다.

때로는 수도승으로, 경우에 따라서는 과객으로, 어느 때는 하늘 문을 지키는 파수병으로, 근엄한 표정으로, 초라한 행색으로 서 있는 나무 - 그것은 남이 아닌 나 자신의 초상화다.

터미널에서 내려 숙소에 들어간 뒤에도 내 귀에선 바람이 윙윙거리고, 살을 에는 듯한 바람에 나무의 뼈마디마다 꽁꽁 얼어 그들의 시신이 사방에 즐비할 듯해 밤새 뒤척였다. 순종의 의미를 확인케 하는 것임을 알면서도 마음은 안타깝다.

아침에 눈을 뜬 후, 횡계로 가는 버스에 몸을 싣고 대관령을 거슬러 올라 목장으로 달려갔다. 어제 밤 어둠 속에서 바람에 어깨를 움츠리고 떨고 서 있던 나무의 손이라도 잡아주기 위해서다. 그렇게 하지 않으면 봄이 온다고 해도, 그의 곁에 설 면목이 없을 것 같아 서둘러 찾아간 걸음이다.

6백만 여 평이나 되는 광활한 땅 곳곳에 겨울이 진을 치고 있다. 눈이 쌓여 아이들뿐만 아니라 어른들까지 미끄럼을 타고, 물이 흘러내리던 냇가는 온통 얼음밭이 되어 있다. 지난여름의 수해로 무너진 채 버려진 곳의 겨울은 더 비참해 보기조차 안쓰럽다.

광우병으로 피해를 우려해서인지, 겨울이라 다른 곳으로 옮겨놓았는지 소 한 마리 남아 있지 않은 목장은 허전함을 감추

려는 듯 눈을 껴안고 조용하다.

눈을 걷어낸 이후의 그 속사정을 왜 모르겠는가. 그것은 폐허와 같다.

한참을 걸어 산의 정상 부근까지 올랐다.

추위와 바람을 이기기 위해 웅크려서 그런지 손을 뻗으면 정수리가 만져질 듯하게 나무는 초라한 모습이다. 뭐라고 한마디 위로의 말이라도 전해야 할 것 같아 몇 그루의 몸에 손을 대는 순간, 말보다 먼저 눈물이 말문을 닫게 한다. 일상의 고초를 피해 지하도로 몰려들어 신문지 한 장을 덮고 잠을 청하는 노숙자보다 더 안타깝게 삶을 꾸려가고 있는 겨울나무들, 그들은 봄이 오면 제일 먼저 새 잎으로 몸을 휘감고 꽃을 제 몸 사방에 피워 실의에 빠진 사람들에게 위로의 눈빛을 보내지 않는가.

잠깐 동안의 만남이지만, 가슴의 검불을 털어내며 무엇에도 치우침 없이 겸허하게 살아야 한다는 생각을 굳히게 한 겨울나들이다.

삶은 눈과 같다.

겨울바다

바다는 잠잠하다.

그 자체를 그리며 상상하는 것만으로도, 답답한 가슴이 열릴 것 같아 충만함이 느껴진다.

그 중에서도 '겨울바다'는 무한한 언어가 숨어 있다.

거품을 물고 달려와 땅 위로 올라올 것 같은 기세였다가도 운명적 한계를 자인하며 뒷발질로 한 발자국 물러난다. 그러나 끊임없이 도전하는 바다 - 이런 바다의 위용과 면모 때문에 인류의 삶은 물가에서 비롯되었을지도 모르며, 바다 그 자체는 모든 생명체의 고향이라고 할 수 있다.

우리의 삶은 바다의 속성을 그대로 답습하고 있는지도 모른다. 힘에 부쳐 무릎을 꿇을 때까지 그 무엇인가를 향해 도전을 계속하다 마침내 생을 포기하고 깊은 잠에 빠져드는 것이 우리

삶의 현실이다.

나는 바다와 인연이 없는 곳에서 태어나 평생을 살았지만, 마음 한복판에 늘 바다를 담고 살아간다. 내가 생각하고 그리워하는 바다는 대서양이나 지중해, 태평양과 같이 경치나 크기, 명성에 걸맞은 곳은 아니다.

내가 염원하는 바다는 사람들 곁에서 사람과 함께 더불어 사는 바다다. 그 바다는 바다를 근간으로 하여 주변의 사람들을 이웃처럼 여기고, 사람들 또한 바다를 집 앞의 텃밭으로 여기며 해가 뜨면 두리둥실 바다로 나간다. 그 위에 어둠이 내려 바다가 보이지 않아도 동이 틀 때까지 기다리곤 한다.

나도 때로 바다를 만나기 위해 잠을 청하는 바다가 된다.

벽 한쪽에 걸어놓은 풍경화 한 폭으로 무심코 고개를 들어 보면 어느새 슬며시 바다가 다가온다.

그 바다는 아름답거나 광활하면서도 부담스럽지 않아서 좋다.

나는 이런 바다를 수년 전, 강원도 주문진읍에서 만났다. 활처럼 완곡하게 휜 해안선을 따라 사람들이 모여 사는 바다가 이곳의 주민인 것 같다. 지금도 주문진 앞바다에 남다른 애정을 가지고 가끔 그 모습을 떠올려 본다.

영동고속도로를 세 시간 정도 달려가면 주문진 앞바다를 만날 수 있다.

고무호스를 연결해 바닷물을 끌어들인 대형 수족관에 오징어와 청어, 회 거리를 담아놓고 '싱싱함'을 목청껏 외쳐대는 시끌벅적한 곳에서 서성이다 보면 그 바다도 어느새 내 곁에 서 있다. 건어물을 파는 즐비한 가게에는 전국의 웬만한 곳의 지명地名들이 적혀 있고, 고향이 아니면 다른 인연의 연고지를 떠올리게 하며 발길을 돌리게 한다.

주문진엔 많든 적든 사철 사람들의 발길이 그치질 않는다.

여름에는 다른 때보다 더 많은 사람들이 이곳을 찾아 몰려들지만, 봄이나 가을, 겨울에도 주문진을 찾는 사람들이 많다. 해수욕을 즐기거나 바다의 정취에 취하려는 사람이 주류를 이루는 것이 아니라, 열심히 사는 사람들의 일상의 축제에 동참하기 위해 대관령을 거쳐 강릉을 경유하게 한다.

이곳에는 이북에 고향을 둔 원산 사람과 함경도 사람들이 살고 있어 그들을 통해 새로운 정취를 느낄 수 있어 더욱 좋다.

요즘은 이전과는 달리 도로가 잘 정비되어 있어 '강원도 감자바위'란 말은 어울리지 않을 정도로 쾌적한 기분으로 달려갈 수 있다, 무엇보다 그 기분을 그대로 안은 채 돌아올 수 있고, 돌아오는 길에는 평창이나 대관령에 들러 황태정식으로 식사도 하고 올 수 있으니, 주문진은 하루나들이나 1박 2일 코스로 더없이 좋은 곳이 되었다.

다만 눈요기를 목적으로 한 바다와의 대면보다는, 바다가 함유하고 있는 의미와 깊은 속내를 이해하기 위해 바다 앞에서 보곤 한다. 우리는 지금 진중함을 잃은 채 경박해지고 서로 간의 신의도 희박해져, 돈독한 우정이나 사제 간의 정은 옛말이 되어간다. 무언가 꼬투리를 잡아 상대의 입장을 난처하게 하며 사적인 이익을 취하려고 혈안이 되어 있다.

그것이 정당하고 바른 처사인가를 저 바다에 물어볼 일이다. 바다는 짙푸른 모습 그 자체로 우리를 성찰케 하려고 하루종일, 밤새껏 그 자리를 떠나지 않고 지키고 있는지도 모른다.

진정한 행복은 어려움 가운데서도 덜어내고 씻어내면서 키워지고 지켜져야 한다. 그러기 위해선 버려야 할 것을 버리는 일에 인색하지 말아야 한다. 그러지 않으면 여러 가지 경화증이 꼬리를 물고 달려들며 야릇한 모습을 드러내게 된다.

섭생攝生보다 중요한 것은 배설排泄이다. 요즘 사람들의 관심의 대상인 다이어트는 이러한 것을 말한다. 몸에 농축된 단백질을 녹여내는 일보다 정신의 간편화가 시급하다.

이는 수천 년 전부터 바다가 주장해 온 것이다. 자연만큼 위대한 스승은 없기 때문이다. 바다는 누구의 감언이설이나 리베이트 같은 것에 귀를 기울이는 법이 없다.

노자老子는 현인賢人인 것처럼 처신하는 경박자를 경계하라고 했다. 이들은 말을 만들어 '진리'라는 포장지에 싸서 남발하는 자들에 불과하기 때문이다. 인류의 유일한 거처 공간인 '지구地球'라는 이름의 푸른 광장에 가장 넓게 포진하고 있는 것이 바다이므로 - 그 자체만으로도 신의 헤아렸음을 느낄 수 있다.

모든 진리는 그에 함유시켜 놓았다는 의미가 된다.

바다는 추운 겨울에도 잠들지 않고 한복판에 서서 외치고 있다. 무엇이 인류가 깨달아 행해야 할 일인가를 망각한 채 숭례문에 불을 지르고, 사회의 상층부에 있는 사람들의 생활실상이 폭로되면서 우리의 주변은 쓰레기를 모아놓은 장소 이상이 되어 악취의 진동함이 그대로 내보여지고 있다.

누구나 한 번쯤 바다를 찾아 바닷물에 손과 발을 씻고, 눈과 귀를 세척할 필요가 있다. 그러나 중요한 것은 3%의 염분도 내재되지 않은 바다로서는 그 정체성을 지킬 수가 없다.

바다뿐이겠는가.

고향, 그 영원한 모성

9시 뉴스가 시작되자마자 주차장으로 변한 고속도로가 보이기 시작한다.

빼곡히 들어선 차들이 움직일 기미조차 보이지 않지만, 차 안의 사람들은 한결같이 고향을 향한 기대감으로 설레는 표정이다.

명절이 되면 어김없이 매스컴에서는 민족 대이동의 현장을 보여준다. 서울과 수도권의 인구 중 절반이상이 고향을 찾아 유목민처럼 이동하는 문화는, 세계 어디에서도 찾아볼 수 없는 우리만의 풍속도이다.

이제는 명절에 맞춰 특별히 고향을 찾을 일이 없다. 출가한 딸과, 인사차 들르는 후배나 제자들을 집에 앉아 맞이한다. 하지만 TV화면을 보고 있으면 나도 불현듯, 줄지어 늘어선 차들의 뒤꽁무니에 서서 고향 가는 길에 동참하고 싶어진다.

고향을 떠올리면 가슴 한쪽이 촉촉해지는 것은 나이 탓만은 아니다.

부모님은 유택幽宅에 계시고, 다른 형제나 친지들도 대부분 그곳을 떠나 옛집에는 향수를 느낄만 한 것 하나 남아 있지 않지만, 고향이란 말만 들어도 반가워지는 마음은 세월이 갈수록 더해간다.

내 고향은 경기도 '안성'이다.

야트막한 산자락이 병풍처럼 처져있고, 물 좋고 비옥한 땅이 넓어 인심이 훈훈한 고장이다. '서운산'과 '칠현산'이 병풍처럼 감싸있어 그 안에 자배기처럼 동네가 들어앉은 아늑한 곳이다. 안성은 예로부터 안성맞춤유기의 고장으로도 널리 알려져 있어, 배와 포도는 그 맛과 향미가 뛰어나기로 유명하다.

내가 살던 집에서는 '비봉산'이 가깝다. 비봉산은 산이라기보다 야트막한 언덕처럼 산책하기에 만만해서, 동네사람들이 새벽이나 아침에도 가릴 것 없이 뒷짐 지고 오르기 알맞은 곳이다.

고등학교를 그곳에서 보내면서, 시간만 생기면 비봉산 정상에 올라 눈앞에 보이는 정겨운 마을을 굽어보곤 했다. 한달음에 정상에 올라서면 굽이굽이 내려다보이는 이름도 낯익은 동네 - 골목의 훈기가 저녁 짓는 연기와 함께 풍겨 와 그 산정에서 호흡을 고르다보면, 기차가 멀리서 기적을 울리며 지나간다. 끝없이 이어지는 평야와 산, 산허리를 감도는 구름과, 그 밑에 옹기종기 모여 사는 평범하면서도 아름다운 이웃의 삶을 망연히 바라보며 즐기곤 했다.

산은 오르막이 있으면 반드시 내리막이 있다. 계절 따라 변하는 자연의 이치를 거스르지 않고, 때가 되면 잎을 피우고 낙엽 지는 나무들을 바라보며 내려오는 길에서 인생을 생각하며 꿈을 키웠다. 산은 끝 간 데 없이 치솟기만 하던 젊음을 다스려 주어, 겸양과 순리를 깨닫게 해주는 무언의 스승이 되었다.

지금은 관악산이 가까운 곳에 살기에 주말이면 지인知人과 함께 관악산을 오른다. 30여 년 넘게 함께 하는 등산 친구들과의 모임도 알고 보면, 고향 뒷산에서 호연지기를 기르던 청년 시절의 기억을 못 잊는 사람들의 향수 다스리기이다.

사람은 어려서 받은 인상이 오래도록 생각의 경계를 지배하는 경우가 있다.

내게 있어서 산은 고향이고 어머니이며 스승이다. 또한 가슴 밑바닥에 아련하게 간직되어 있는 사랑이다.

언제든지 야트막한 산을 보게 되면, 어릴 때 한달음에 뛰어올라 바라보던 산 아래의 정경과, 산기슭마다 어려 있는 기억들이 튀어나오곤 한다. 물을 좋아하는 사람은 인자하고, 산을 좋아하게 되면 지혜롭다는 얘기는 책을 통해 알고 있지만, 그보다 훨씬 앞서 고향의 산은 내게 오르막과 내리막, 열림과 닫힘, 인내와 환희로 다가와, 삶을 살아가는 데 도움이 되도록 많은 지혜를 주었다.

고향이라는 단어만 들어도 이미 눈가에 물기가 어리는 것은 나이 탓만은 아니다. 가족 모두가 그 곳을 떠나와 이제는 찾아가도 잠시 머무를 정이 생기는 곳도 아니지만, 나이가 들어갈수록 귀소본능이 더해만 간다.

고향을 떠나온 사람만이 고향을 그리워 한다는 말이 있다.

가까이 있으면 귀한 것을 알아보지 못하고, 소중한 것일수록 떨어져 있어야 그 가치가 돋보인다는 이치와도 같은 말이다. 대학에 입학하면서 객지생활을 시작했으니 몸이 고향을 떠나온 것은 수십 성상이나, 아직도 고향집 앞뜰의 대추나무와 대청마루에 내려앉은 햇살, 마당가에서 하얀 수건을 두르고 식구들을 위해 손을 움직이고 계시던 어머니의 모습이 어제인 듯, 눈에 선하다.

어머니 - 고향과 어머니를 떼어놓고 생각할 수는 없다.

맏이라서 그런지 어머니는 내게 항상 특별대우를 하셨다. 옷매무새가 단정해야 한다며 푸새질에 손 마를 새 없이 분주하게 움직였고, 음식을 장만할 때는 행여 티라도 들어갈세라, 머리수건을 두르시곤 하셨다.

서울에서 대학을 다닐 때도 방학이 되어 귀향을 하면, 저만치 집이 보일 때부터 어머니의 모습이 보일까 싶어 가슴이 두근거렸다. 어머니는 내가 내려온다는 기별을 받으면 아침부터 일이 손에 안 잡혀 허둥대신다. 기다리는 눈치를 알기라도 하면 아들이 행여 마음 쓸까 걱정이 되어, 눈과 귀만 대문 쪽으로 두고 대청마루를 닦고 또 닦으셨다. 저만치서 아들의 모습이 아른거리면 뛰어나오기보다는 눈으로만 조용히 웃으시던 그 미소 - 어머니의 미소는 객지살이의 외로움을 달래주는 약이 되었기에, 어리광 부리던 아이로 돌아가 따뜻한 품속으로 파고들고 싶다.

살아가면서 내게 여성을 가늠하는 기준이 되게 하신 어머니, 조용한 가운데 기품을 잃지 않으며 가족을 위해서는 어떠한 희생도 마다하지 않고, 자식이 잘되는 것을 낙으로 알고 평생을 고아하게 사신 분이다.

생전에는 걱정만 끼쳐드리고 고인이 된 후에야 가슴 저리게 그리워하는 것이 어머니이다. 세상의 모든 자식들은 어머니의 품이 그리워 그 멀고 먼 길, 주차장을 방불케 하는 고속도로를 마다않고 열 시간이 넘게 고행의 길을 가는 지도 모른다. 반겨줄 고향과 어머니가 있는 한 그런 귀향은 계속될 것이고, 그 길에서 우리는 잊고 살던 정겨움과 그리움을 흥건하게 적셔, 삶을 이어가는 방편으로 삼는 것이 아닐까.

나는 설날 아침에 귀향길에 나서지 못하고 가까운 관악산에 올랐다.

눈이 많이 내려 정상까지 가지 못하고 중간에서 돌아오면서 마음으로는 안성 고향집 앞, 비봉산 자락을 더듬는다. 이 산길을 내려가면 어머니가 떡국을 끓여놓고 기다릴 것만 같아서다.

눈 쌓인 나무 둥치를 쓰다듬으며 어머니 손을 잡는 환상에 젖어본다.

생각만으로도 푸근해지는 어머니를 생각하면서, 이제 내 자신이 우리 아이들에게 그리운 고향이 되는 나이가 되었음을 깨닫는다.

어느 로맨티스트의 고백

지금 한없이 가볍다.

50여 년 동안 5,6백 편의 수필에 온갖 사유와 비판, 갈채와 질시, 미움과 사랑까지도 모두 실어 보낸 이제, 그 가벼움은 나를 참으로 자유롭게 한다.

각인각색의 명제 속에서, 문학적 충일과 고백이라는 배설을 거듭하며, 예측할 수 없는 고통과 환희의 도정을 지나, 나는 지금 이 자리에 서 있다.

문학은 한낱 과정일 뿐, 그 지향점이란 현실에서는 존재할 수 없는 환상의 신기루였는지도 모르기 때문이다.

■ 연보

1932년	경기도 안성 출생.
1952년	안성농업고등학교 졸업.
1956년	중앙대 국어국문학과 졸업.
1956년	중앙대 국어국문학과 조교.
1958년	중앙대 대학원 졸업.
1960년	중앙대 강사.
1966년	상명여사대 교수, 학보사 주간.
1968년	상명여사대 국어교육학과 학과장.
1970년	한국문인협회 회원.
1970년	국제PEN 한국본부 회원.
1971년	한국수필가협회 이사.
1972년	상명여사대 도서관장.
1975년	한국수필문학회 회장.
1975년	상명여사대 학생처장.
1977년	한국수필진흥회 이사.
1979년	한국문인협회 이사.
1980년	중앙대 교수.
1982년	중앙대 생활관장.
1983년	국제펜클럽 한국본부 이사.
1985년	중앙대 신문사 주간.
1987년	전국대학신문 주간교수협의회 회장.
1989년	중앙대 학생처장.

1993년 한국수필학회 회장.

1994년 한국수필학연구소 소장.

1994년 ≪수필학隨筆學≫ 창간.

2001년 〈수필의 날〉 제정 선포(경기도 양평 소재 '참 좋은 생각' 카페에서).

2005년 〈구름카페 문학상〉 제정.

2008년 한국문예학술저작권협회 이사.

현대수필가 100인선 · 43
윤재천 수필선
도반道伴

초판인쇄 | 2009년 4월 18일
초판발행 | 2009년 4월 23일

지은이 | 윤 재 천
펴낸이 | 서 정 환
펴낸곳 | 좋은수필사

주 소 | 서울시 종로구 익선동 30—6
운현신화타워 빌딩 3층 305호
전 화 | 02)3675—5635, 063)275—4000
등 록 | 1984년 8월 17일 제28호
홈페이지 | http://www.shin—a.co.kr
e—mail | essay321@hanmail.net

값 7,000원

ISBN 978—89—5925—312—8 04810
ISBN 978—89—5925—247—3 (전 100권)